Kohlhammer

Politik verstehen

Herausgegeben von Siegfried Frech, Philipp Salamon-Menger und Helmar Schöne.

Eine Übersicht aller lieferbaren und im Buchhandel angekündigten Bände der Reihe finden Sie unter:

 https://shop.kohlhammer.de/politik-verstehen

Der Autor

Prof. Siegfried Frech war Publikationsreferent bei der Landeszentrale für politische Bildung Baden-Württemberg und verantwortete die Zeitschrift »Bürger & Staat« und die Didaktische Reihe. Er ist Honorarprofessor (Didaktik politischer Bildung) am Institut für Politikwissenschaft der Eberhard Karls Universität Tübingen.

Siegfried Frech

Kommunalpolitik

Politik vor Ort

2., erweiterte und überarbeitete Auflage

Verlag W. Kohlhammer

Dieses Werk einschließlich aller seiner Teile ist urheberrechtlich geschützt. Jede Verwendung außerhalb der engen Grenzen des Urheberrechts ist ohne Zustimmung des Verlags unzulässig und strafbar. Das gilt insbesondere für Vervielfältigungen, Übersetzungen, Mikroverfilmungen und für die Einspeicherung und Verarbeitung in elektronischen Systemen.

Die Wiedergabe von Warenbezeichnungen, Handelsnamen und sonstigen Kennzeichen in diesem Buch berechtigt nicht zu der Annahme, dass diese von jedermann frei benutzt werden dürfen. Vielmehr kann es sich auch dann um eingetragene Warenzeichen oder sonstige geschützte Kennzeichen handeln, wenn sie nicht eigens als solche gekennzeichnet sind.

Es konnten nicht alle Rechtsinhaber von Abbildungen ermittelt werden. Sollte dem Verlag gegenüber der Nachweis der Rechtsinhaberschaft geführt werden, wird das branchenübliche Honorar nachträglich gezahlt.

Dieses Werk enthält Hinweise/Links zu externen Websites Dritter, auf deren Inhalt der Verlag keinen Einfluss hat und die der Haftung der jeweiligen Seitenanbieter oder -betreiber unterliegen. Zum Zeitpunkt der Verlinkung wurden die externen Websites auf mögliche Rechtsverstöße überprüft und dabei keine Rechtsverletzung festgestellt. Ohne konkrete Hinweise auf eine solche Rechtsverletzung ist eine permanente inhaltliche Kontrolle der verlinkten Seiten nicht zumutbar. Sollten jedoch Rechtsverletzungen bekannt werden, werden die betroffenen externen Links soweit möglich unverzüglich entfernt.

2., erweiterte und überarbeitete Auflage 2022

Alle Rechte vorbehalten
© W. Kohlhammer GmbH, Stuttgart
Gesamtherstellung: W. Kohlhammer GmbH, Stuttgart

Print:
ISBN 978-3-17-040964-4

E-Book-Formate:
pdf: ISBN 978-3-17-040965-1
epub: ISBN 978-3-17-040966-8

Inhalt

1	Kommunalpolitik beginnt vor der Haustür	9

2	Nach der Krise ist vor der Krise!	13

Globale Probleme kennen keine Grenzen 14
Bund, Länder und Kommunen geraten unter Druck 16
Kippt die Stimmung? 19
Integration bleibt ein Hauptthema der kommenden Jahre 21
... und dann kam Corona! 23

3	»Spielregeln«: Wie funktioniert eine Gemeinde?	26

Kommunale Selbstverwaltung 27
Kommunalverfassungen 32
Gemeindeorgane: Wer hat in einer Gemeinde das Sagen? 37
Der Bürgermeister: Vorsitzender des Gemeinderats, Verwaltungschef und Repräsentant der Gemeinde 39
Kommunalwahlen I: Bürgermeisterwahlen 41
Der Gemeinderat: »Freizeitpolitiker« 43
Kommunalwahlen II: Gemeinderatswahlen 45
Mitwirken, Beteiligen und Entscheiden: Einwohnerantrag, Bürgerbegehren und Bürgerentscheid 57
Beteiligung von Kindern und Jugendlichen 59

Inhalt

| 4 | Aufgaben einer Gemeinde | 63 |

Pflichtaufgaben, Weisungsaufgaben, freiwillige
Aufgaben 64
Wachsende Aufgaben, steigende Ausgaben 70
Bürgernahe Dienstleistungen und Aufgaben der
Gemeindeverwaltung 72
Der Haushaltsplan 76
Wie werden kommunale Aufgaben finanziert? 80
Wofür geben die Kommunen Geld aus? 87
Neuerungen im Haushaltsrecht 89
Die Finanzsituation: Ein ständiges Auf und Ab! 91
Wohnort Kommune: kommunale Wohnungspolitik 98
Wirtschaftsstandort Kommune 107
Kommunale Wirtschaftsförderung 111

| 5 | Akteure: Bürgermeister, Gemeinderat und Bürger | 119 |

Der Bürgermeister: Multi-Talent, Verwaltungsprofi,
Geldbeschaffer und »ein Mensch zum Anfassen« 120
Der Gemeinderat: »Laien- und Feierabendpolitiker« 157
Die Bürger: Kunden, Auftraggeber (Souverän) und
Mitgestalter 166

| 6 | Fazit | 174 |

| 7 | Glossar | 176 |

Literaturverzeichnis 187

Literaturtipps 190

Abbildungsverzeichnis 191

1

Kommunalpolitik beginnt vor der Haustür

Am 26. Mai 2019 fanden in acht Bundesländern und in den zwei Stadtstaaten Bremen und Hamburg Kommunalwahlen statt, in denen über die Zukunft der Städte und Gemeinden abgestimmt wurde. Anlässlich dieser Wahlen führte die *Bertelsmann Stiftung* eine repräsentative Umfrage durch. Befragt nach der wichtigsten kommunalpolitischen Aufgabe hielten es 94,7 Prozent der Bürger für eine »wichtige oder sehr wichtige« Aufgabe, Kindern und Jugendlichen gute Chancen zu ermöglichen. Diese einhellige Einschätzung wurde unabhängig vom Alter, vom Bundesland und von der Größe der Kommune, in der die Befragten leben, getroffen. Dieses Thema steht neben Mobilität (86 %), Umwelt (84,5 %) und Wohnen (83,9 %) ganz oben auf der Agenda. Die Bürger sind sich darüber im Klaren, dass die Kommunalpolitik eine entscheidende Rolle spielt: Bei der Kinderbetreuung (73,6 %), bei Sport- und Freizeitangeboten (63,9 %) sowie Schulen und Bildung (59,7 %) wird den Städten und Gemeinden ein hoher Beitrag zur Problemlösung attestiert.

Befragt nach den kommunalpolitischen Akteuren wurde Bürgermeistern und Kommunalpolitikern ein großes Vertrauen entgegengebracht. Während nur 28,3 Prozent der Befragten den Bundespolitikern und 31,8 Prozent Europapolitikern »großes« oder »sehr großes« Vertrauen entgegenbringen, gab knapp die Hälfte (48,5 %) an, Kommunalpolitikern »großes« bzw. »sehr großes« Vertrauen entgegenzubringen. Offenbar ist die Beteiligung von Bürgern an politischen Prozessen vor Ort eine maßgebliche Voraussetzung dafür, dass die Bürger ihren Bürgermeistern, Stadt- und Gemeinderäten vertrauen. Mit 73,7 Prozent genießen Rathauschefs, deren Bürger sich an der Kommunalpolitik ausreichend beteiligt fühlen, deutlich bessere Zustimmungswerte als Bürgermeister, deren Bürger sich ein Mehr an Beteiligung wünschen (55,8 %).

Beanstandet wurden von den Befragten zwei Aspekte. Die Mehrheit ist mit der Beteiligung an Entscheidungsfindungen vor Ort nicht zufrieden. Die Zahl derer, die sich nicht genug in kommunalpolitische Entscheidungen eingebunden fühlen, ist mit 55,3 Prozent relativ hoch. In Großstädten sind sogar zwei von drei Bürgern unzufrieden (65,8 %). Das Potenzial, die Zufriedenheit der Bürger zu steigern, ist hoch. Ein weiterer Kritikpunkt ist die mangelnde Einbindung von Frauen. Nur 25 Prozent sind kommunalpolitisch engagiert. Unter denen, die ein Bürgermeisteramt innehaben, liegt die Frauenquote gar nur bei zehn Prozent. 46,8 Prozent der befragten Männer und 61,1 Prozent der befragten Frauen wünschen sich deutlich mehr Frauen in der Kommunalpolitik.

Die repräsentative Umfrage zeigt u. a., dass keine andere politische Ebene von den Bürgerinnen und Bürgern so unmittelbar wahrgenommen und bewertet wird wie die Ebene der Landkreise, Städte und Gemeinden. Die kommunale Ebene (Gemeinden, Städte und Landkreise) bildet die unterste Ebene des dreistufigen Verwaltungsaufbaus in Deutschland, darüber kommen die Landes- und Bundesebene. Und auch Europa ist in den Rathäusern angekommen. Städte und Gemeinden sind schon seit langem von der Rechtsetzung der *Europäischen Union* (EU) betroffen. Zwei Drittel der auf EU-Ebene getroffenen Regelungen betreffen direkt oder indirekt die Kommunen und deren Recht auf Selbstverwaltung. So hat z. B. die Landeshauptstadt Stuttgart mit der Umsetzung der 1999 von der EU beschlossenen Feinstaubrichtlinie erhebliche Probleme. Das hohe Verkehrsaufkommen führt bei einer bestimmten Wetterlage regelmäßig dazu, dass die Grenzwerte für Luftschadstoffe (Stickoxid, Schwefeldioxid, Blei) merklich überschritten werden. Sollte die Landeshauptstadt Stuttgart dieses Problem nicht in den Griff bekommen, drohen ein EU-Vertragsverletzungsverfahren und Strafzahlungen.

Kommunalpolitik findet vor der Haustür statt und betrifft die Bürgerinnen und Bürger in ihrem unmittelbaren Lebensumfeld. Wer aufmerksam den Lokalteil der Tageszeitungen verfolgt, bekommt davon einen ersten Eindruck. In der *Europäischen Union* (EU), im Bund und auf der Landesebene wird die »große Politik« gemacht, in der Gemeinde hingegen wird sie konkret umgesetzt (und dort muss sie oft auch bezahlt werden). Die Beispiele sind zahlreich: Gullydeckel und Mülltonen, Kinderbetreuung, der Bus zur Schule und öffentlicher Nahverkehr, Wirtschaftsförderung oder aktuell und in den nächsten Jahren die Unterbringung und Integration von Flüchtlingen sowie die Belebung der Innenstädte nach der Corona-Pandemie.

Das Buch »Politik in der Gemeinde« gliedert sich in fünf größere Kapitel. Im einführenden Kapitel wird am Beispiel anwachsender Flüchtlingszahlen in den Jahren 2015 und 2016 gezeigt, wie Städte und Gemeinden auf diese Herausforderung reagiert haben. Gerade die Flüchtlingsfrage und die seit Frühjahr 2020 sich ausbreitende Corona-Pandemie zeigen, dass globale Probleme vor Ortsgrenzen nicht Halt machen. Die wohl wichtigste Lektion aus der Pandemie lautet: Es gibt keine lokalen Lösungen für globale Probleme. Im zweiten Kapitel werden die »Spielregeln« beschrieben, nach denen Kommunalpolitik abläuft. In diesem Kapitel wird auch skizziert, wie das Zusammenspiel von Gemeinderat, Bürgermeister und Bürgern funktioniert. In einem

1 Kommunalpolitik beginnt vor der Haustür

weiteren Kapitel werden die konkreten Aufgaben von Kommunen ausführlicher dargestellt. Im letzten Kapitel geht es um die Akteure (Gemeinderat, Bürgermeister, Bürger) in Städten und Gemeinden, um kommunalpolitische Abläufe und Prozesse. Das Buch endet mit einem Glossar. In diesem Wörterverzeichnis werden die wichtigsten politischen Fachbegriffe kurz erklärt. Fachbegriffe, die sich aus dem Text erschließen lassen, wurden nicht in das Glossar aufgenommen.

Im Buch selbst wird mit der sogenannten Harvard-Zitierweise gearbeitet. Diese Zitierweise arbeitet mit Klammern, in denen der Name des Autors, das Erscheinungsjahr und die Seitenzahl genannt werden. Die vollständigen Titel der Bücher oder Aufsätze können dem Literaturverzeichnis entnommen werden. Interessierte, die an kommunalpolitischen Fragen Geschmack gefunden haben, finden im Anschluss an das Literaturverzeichnis ausgewählte Leseempfehlungen. Tageszeitungen waren eine weitere wichtige Fundstelle. Auf die entsprechende Ausgabe wird ebenfalls in Klammern verwiesen. Bei Zahlen und Fakten, die im Internet recherchiert wurden, wird die Fundstelle jeweils am unteren Seitenrand in einer Fußnote genannt. Die Angabe der vollständigen Webadresse im Text hemmt den Lesefluss.

2

Nach der Krise ist vor der Krise!

Zur politisch folgenreichen Herausforderung für Städte und Gemeinden entwickelte sich ab der Mitte des vergangenen Jahrzehnts die anwachsende Zahl von Flüchtlingen aus Syrien, aber auch aus Afghanistan und afrikanischen Ländern. Ziel der allermeisten Flüchtlinge war die *Europäische Union* (EU) und als bevorzugtes Asylland vor allem Deutschland. Bereits 2016, ein Jahr später, kamen spürbar weniger Flüchtlinge nach Deutschland. Die Situation in den Städten und Gemeinden entspannte sich im Laufe des Jahres und in den Folgejahren. Die Krise schien weitgehend gelöst zu sein, die Integration der Flüchtlinge ging in den Kommunen voran.

Am März 2020 erreichte dann die Corona-Pandemie die Bundesrepublik Deutschland. Nachdem sich die pandemische Lage seit Anfang des Monats drastisch zugespitzt hatte, war es zunächst nur schwer vorstellbar, welche Auswirkungen die Pandemie auf alle Bereiche des Lebens haben würde. Die anfängliche Hoffnung, möglichst bald wieder zu einem normalen Alltag zurückkehren zu können, erwies sich bereits nach kurzer Zeit als wenig realistisch. Die Folgen der Pandemie schlugen auf alle Lebensbereiche durch: Was macht die Corona-Krise mit uns? Mit unserem Zusammenleben, mit unserer Demokratie, mit unseren Kindern? Welche Folgen hat die Pandemie für Wirtschaft, Handel, Gastronomie und die Kulturbetriebe? Und wie wirkt sich SARS-CoV-2 auf regionaler und kommunaler Ebene aus?

Globale Probleme kennen keine Grenzen

Weltweit befinden sich nach Angaben des *Flüchtlingswerks der Vereinten Nationen* (UNHCR) mehr als 80 Millionen Menschen auf der Flucht. Die Zahl der Menschen, die weltweit vor Konflikten, Krieg und Verfolgung fliehen, war noch nie so hoch wie heute. 2020 ist das neunte Jahr in Folge, in dem die Zahl der Flüchtlinge angestiegen ist. Dieses weltumspannende Schlüsselproblem ist längst in den Gemeinden und Städten angekommen.

Was haben Entscheidungen auf europäischer und nationaler Ebene mit Dörfern und Städten hierzulande zu tun? Wie gehen Bund, Länder und Kommunen mit den Herausforderungen der Flüchtlingsmigration um? Warum kann kein (Bundes-)Land, kann keine Kommune die Probleme im Alleingang lösen?

Rückblick: Der Sommer der Willkommenskultur

Ein kurzer Rückblick trägt zum besseren Verständnis bei: Ende August stauten sich Tausende Flüchtlinge am Budapester Bahnhof. Das Fernsehen dokumentierte die schwer erträglichen Lebensbedingungen. Die Bilder zeigten den humanitären Notstand entlang der sogenannten Balkanroute, auf der sich Flüchtlinge aus dem Nahen Osten über den Balkan auf den Weg nach Europa machten. Angesichts dieses Notstands ließ Bundeskanzlerin Angela Merkel den Zuzug von Flüchtlingen nach Deutschland zu. Humanitäre Gründe haben dabei durchaus eine Rolle gespielt. Ausschlaggebend war jedoch der Kollaps der europäischen Asylarchitektur. Die ansteigenden Flüchtlingszahlen hatten die durch das *Dubliner Übereinkommen* festgelegten Grenz- und Asylregelungen außer Kraft gesetzt.

Das 1997 in Kraft getretene und mehrmals überarbeitete *Dubliner Übereinkommen* regelt, welcher Staat für die Prüfung eines in der EU gestellten Asylantrags zuständig ist. Laut Abkommen ist der EU-Mitgliedstaat, in den der Flüchtling zuerst einreist, für das Asylverfahren zuständig. Damit soll vermieden werden, dass nicht gleichzeitig oder nacheinander in mehreren EU-Staaten Asylanträge gestellt werden. In der Praxis funktionierte die reibungslose Umsetzung des Dublin-Verfahrens bereits vor den Ereignissen im Herbst 2015 nicht. Über 70 Prozent aller Asylverfahren wurden in nur fünf Mitgliedstaaten durchgeführt. Die Regelung hatte sich als realitätsfern erwiesen.

In Folge der ansteigenden Flüchtlingszahlen in den Jahren 2015 und 2016 waren europäische Staaten immer weniger bereit, Flüchtlinge aufzunehmen und die Last mit anderen EU-Staaten zu teilen. Die Länder an den EU-Außengrenzen (z. B. Italien, Griechenland, Spanien und Malta) waren schlicht überfordert. Im September 2015 reisten unzählige, in Italien gelandete Flüchtlinge ohne Registrierung und Asylantrag in andere EU-Staaten weiter, u. a. auch nach Deutschland.

Welle der Hilfsbereitschaft

Angela Merkels in der Folge oft zitierter (und auch kritisierter) Satz »Wir schaffen das!« löste eine Welle der Hilfsbereitschaft und eine flächendeckende Willkommenskultur aus. Eine wahre Solidaritätswelle setzte ein. Ehrenamtliche Helferinnen und Helfer linderten die unzureichende Versorgung der Flüchtlinge mit Geld- und Sachspenden, mit Freizeitangeboten für Kinder und Jugendliche oder mit Sprachkursen sowie mit Begegnungen zwischen Einheimischen und Flüchtlingen auf gleicher Augenhöhe. Überall im Land fragten Menschen, die noch nie ehrenamtlich tätig waren, was sie tun können: Kleider sammeln, Patenschaften, Behördengänge und Fahrdienste, Hilfe bei der Essens-, der Kleider- oder Bettenvergabe. Millionen von Menschen haben in einer Mischung aus Einfühlungsvermögen, Mitleid und Nächstenliebe den oft schwer traumatisierten Flüchtlingen geholfen, indem sie Sachen, Geld oder Zeit spendeten. Mehr als vier Millionen Bürger kümmerten sich persönlich um die Ankommenden und übernahmen private Patenschaften. In den kommunalen Verwaltungen packten viele hauptamtliche Mitarbeiter bei der Unterbringung der Flüchtlinge mit an.

Bund, Länder und Kommunen geraten unter Druck

Die meisten Flüchtlinge kamen im Jahr 2015 aus Syrien (34 Prozent), dem Irak (15 Prozent) und Afghanistan (14 Prozent), gefolgt von Albanien, dem Kosovo, Pakistan und Eritrea. Seit 2011, d. h. dem Beginn des brutalen Bürgerkriegs, sind mehr als 800.000 Syrer nach Deutschland gekommen. Fluchtgründe waren und sind nach wie vor Bürgerkriege, unerträgliche Lebensbedingungen, Not und Armut, Verfolgung und schwere Menschenrechtsverletzungen.

Neuankömmlinge

Als sich im September 2015 die Zahl der Neuankömmlinge vervielfachte, stellte dies den Bund, die Länder und die Kommunen vor gewaltige Aufgaben. Die Aufnahme von Flüchtlingen erfolgt in Deutschland nach einem System geteilter Zuständigkeiten. Der Bund ist für die Durchführung des Asylverfahrens zuständig, die Länder und

Kommunen für die Unterbringung der Flüchtlinge und für Leistungen nach dem Asylbewerberleistungsgesetz, das u. a. die Zuschüsse für Ernährung und Kleidung für anerkannte Flüchtlinge, Asylbewerber und Geduldete regelt.

Flüchtlinge, die nach Deutschland einreisen, werden nach dem sogenannten *Königsteiner Schlüssel* auf die Bundesländer verteilt. Dieser Schlüssel verdankt seinen Namen einem Staatsabkommen, das im Jahre 1949 in Königstein im Taunus abgeschlossen wurde. Eine von Bund und Ländern eingerichtete Konferenz ermittelt den *Königsteiner Schlüssel* jährlich neu. Das Quotensystem berücksichtigt neben dem Steueraufkommen der Länder auch deren Bevölkerungszahl. Die Quote für Baden-Württemberg beträgt derzeit 13,01 Prozent (Stand 2020).

Die Unterbringung von Flüchtlingen erfolgte zunächst in einer Erstaufnahmeeinrichtung des Landes. Es zeichnete sich im Herbst 2015 rasch ab, dass die 1000 Plätze in der 1990 eingerichteten *Landeserstaufnahmeeinrichtung* (LEA) in Karlsruhe, die bis 2014 *Zentrale Anlaufstelle* (ZASt) hieß, nicht reichen würden. Bereits Ende 2014 konnten in drei weiteren Erstaufnahmeeinrichtungen (Meßstetten, Heidelberg und Mannheim) Flüchtlinge aufgenommen werden. Im Laufe des Jahres 2015 erhöhte sich die Zahl der Erstaufnahmestellen auf 22. Leerstehende Kasernen, Fabrik- und Turnhallen und andere Gebäude wurden mit Unterstützung der Wohlfahrtsverbände und mit Hilfe von vielen Ehrenamtlichen in Notunterkünfte umgewandelt. Das Integrationsministerium Baden-Württemberg berichtete beispielsweise, dass eine Gemeinde eine leer stehende Fabrikhalle anbot, in der bereits am Abend die ersten Flüchtlinge einziehen konnten – dank der Unterstützung von Feuerwehr, Deutschem Roten Kreuz, Technischem Hilfswerk und anderen Ehrenamtlichen (*Stuttgarter Nachrichten*, 29.9.2016).

Weil Länder und Kommunen die Unterbringung und Versorgung von Geflüchteten eigenverantwortlich und abhängig von den ihnen zur Verfügung stehenden Finanzmitteln organisierten, war die Lage anfangs von Ort zu Ort unterschiedlich. Während in manchen Großstädten Zeltstädte im Matsch versanken und Tausende über Monate hinweg in Turnhallen untergebracht waren, gelang es anderen Kommunen, die Flüchtlinge in Wohnungen, Kasernen, angemieteten Hotels oder Leichtbauhallen unterzubringen.

LEA und BAMF

In den *Landeserstaufnahmestellen* (LEA) erfolgt aufgrund des gestellten Asylantrags die Erstanhörung. An die Landeserstaufnahmestellen sind Außenstellen des *Bundesamtes für Migration und Flüchtlinge* (BAMF) angeschlossen, die die Erstanhörung durchführen. Nach einer Aufenthaltsdauer von sechs bis zwölf Wochen werden Asylbewerber zunächst auf die Landkreise und danach auf die Kommunen verteilt. Auch diese Verteilung erfolgt nach einem Quotensystem. Im September 2016 warteten etwa 104.000, zumeist in Gemeinschaftsunterkünften untergebrachte Personen auf eine Entscheidung des *Bundesamts für Migration und Flüchtlinge* (BAMF). Von Januar bis Juli 2016 entschied das BAMF insgesamt 40.339 Asylanträge aus Baden-Württemberg. Sobald Flüchtlinge als Asylsuchende anerkannt werden und ihnen das Bleiberecht zugesprochen wird, sind die Kommunen gefordert. Diese sogenannte Anschlussunterbringung fällt in die Zuständigkeit der Städte und Gemeinden. Vor Ort erfolgen auch die ersten Schritte in Richtung Integration. Die kommunalen Maßnahmen sind hierbei vielfältig: Hierzu gehören z.B. Sprach- und Integrationskurse, die schulische Integration, Jugend- und Sozialarbeit, die Unterbringung in Wohnungen und die Integration in den lokalen bzw. regionalen Arbeitsmarkt. Angesichts dieser Anschlussunterbringungen mahnte der Gemeindetag nach der Landtagswahl 2016 und den Koalitionsverhandlungen beim Land finanzielle Unterstützung für die Städte und Gemeinden an (*Stuttgarter Nachrichten*, 25.6.2016). Immerhin erhielt Baden-Württemberg für die Integration der Flüchtlinge bis 2018 jährlich 260 Millionen Euro zusätzlich vom Bund. Laut einer Bundestagsdrucksache (Mai 2021) hat der Bund Länder und Kommunen im Jahr 2020 im Bereich der Flüchtlings- und Integrationskosten mit rund 3,7 Milliarden unterstützt.

Außerdem hat der Bund im Jahr 2020 weitere Ausgaben in Höhe von ca. 18,8 Milliarden Euro getragen, an denen sich die Länder nicht beteiligen.

Kippt die Stimmung?

Im Frühjahr 2016 trat eine merkliche Wende ein. Der anhaltende Zustrom von Flüchtlingen stellte die EU vor eine Zerreißprobe. Anstatt Kooperation waren nationale Egoismen angesagt. Man stritt über Zuständigkeiten und versuchte durch einseitige Grenzschließungen und Einschränkungen Flüchtlinge auf die Nachbarstaaten abzuwälzen. Die Flüchtlinge waren vielfach in Lagern mit schlechter Versorgung untergebracht oder mussten im Freien campieren. Einige Staaten in Mittel- und Osteuropa (Rumänien, die Slowakei, Tschechien, Polen und Ungarn) weigerten sich grundsätzlich, Flüchtlinge aufzunehmen oder zu versorgen. Makedonien, Serbien, Kroatien und Slowenien ließen keine von Griechenland kommenden Flüchtlinge mehr über die Grenze. Auch Österreich schloss seine Grenzen. Nach mehreren Verhandlungsrunden trat im März 2016 ein Abkommen zwischen der EU und der Türkei in Kraft: In dem Abkommen verpflichtete sich die Türkei, alle Flüchtlinge aus Griechenland zurückzunehmen, die ab dem 20. März 2016 irregulär über ihr Staatsgebiet in die EU eingereist sind. Im Gegenzug verpflichtete sich die EU, für jeden syrischen Flüchtling, der von der Türkei zurückgenommen wird, einen anderen, in der Türkei registrierten und damit anerkannten Flüchtling auf legalem Weg aufzunehmen. Damit wollte man Anreize für Flüchtlinge schaffen, sich gar nicht erst in die Hände von Schleppern und auf die gefährliche Überfahrt über das Mittelmeer zu begeben. Denn wer zurückgeschickt wird, hat keine Chance mehr auf eine legale Einwanderung in die EU.

2 Nach der Krise ist vor der Krise!

Haltung der Bevölkerung

Und wie sah es im Land selbst aus? Die Zeit, in der Kuscheltiere am Bahnhof verteilt wurden, schien vorbei zu sein. In den Leserbriefspalten der Zeitungen war von »Asylchaos«, »Notstand«, »Flüchtlingswellen« und dringend gebotenen »Obergrenzen« die Rede, manche beschworen sogar den Untergang des Abendlandes herbei. (Das in der Verfassung verankerte Grundrecht auf Asyl ist nicht verhandelbar und kennt daher auch keine Obergrenze.) Die Übergriffe auf Flüchtlinge und Attacken auf deren Unterkünfte stiegen merklich an. Das *Bundeskriminalamt* (BKA) zählte 2015 offiziell 1005 Straftaten gegen Flüchtlingsheime, darunter auch Brandanschläge. 2016 ereigneten sich knapp 1000 Straftaten gegen Flüchtlingsunterkünfte.

Die Bevölkerung war in ihrer Haltung gespalten. Im März 2016 waren 55 Prozent der Deutschen der Meinung, Deutschland könne die vielen Flüchtlinge verkraften (*ZDF-Politikbarometer*, 18.3.2016). Der Anteil derjenigen, der in der Zuwanderung Vorteile sah, war mit 38 Prozent recht hoch, während ein ähnlich hoher Anteil von 41 Prozent eher Nachteile sah (*ARD-Deutschlandtrend*, Januar 2016). Ebenso glaubten 41 Prozent zuversichtlich an die Integration der Flüchtlinge (*ZDF-Politikbarometer*, 19.2.2016). Einer knappen Mehrheit, die positiv gegenüber den Flüchtlingen eingestellt war, stand eine knappe Minderheit gegenüber, die skeptisch bis negativ gestimmt war. Dies machte sich die *Alternative für Deutschland* (AfD) zunutze, die in mehreren Landtagskämpfen mit den Themen Flüchtlinge und Innere Sicherheit auf Stimmenfang ging. 2016 gelang ihr in vier Ländern (Sachsen-Anhalt, Rheinland-Pfalz, Baden-Württemberg und Mecklenburg-Vorpommern) sowie bei der Wahl zum Berliner Abgeordnetenhaus der Einzug in die Länderparlamente.

2017 bekam die Willkommenskultur weitere Kratzer. Eine knappe Mehrheit von 54 Prozent der Bundesbürger sah Deutschland einer Studie der *Bertelsmann-Stiftung* zufolge bei der Aufnahme weiterer Flüchtlinge an der »Belastungsgrenze« angekommen. Insbesondere in den neuen Ländern schien die Skepsis zuzunehmen. Dort waren der Umfrage zufolge nur noch 33 Prozent der Bürger nach eigenen

Angaben davon überzeugt, dass die Gesellschaft Flüchtlingen »offen« aufnehme. Im Westen waren mit 65 Prozent etwa doppelt so viel Befragte dieser Meinung. Ebenso stieg der Anteil derer, die zusätzliche Belastungen für den Sozialstaat erwarten auf 79 Prozent. 65 Prozent waren der Meinung, Einwanderung verschärfe die Wohnungsnot in den Ballungszentren (*Stuttgarter Nachrichten*, 11.4.2017).

Integration bleibt ein Hauptthema der kommenden Jahre

Seit März 2016 kamen spürbar weniger Flüchtlinge nach Deutschland. So kamen im August 2016 nur noch 1782 Asylsuchende nach Baden-Württemberg. Gegenüber dem Vorjahr nahmen die Zahlen drastisch ab: Im August 2015 kamen noch 8991 Neuankömmlinge im Südwesten an. Laut Innenministerium blieben von Januar bis August 2016 rund 26.500 Flüchtlinge nach ihrem Erstantrag in Baden-Württemberg. Zugleich schob Baden-Württemberg abgelehnte Asylbewerber verstärkt ab. Im ersten Halbjahr 2016 wurden 1663 abgelehnte Asylbewerber zwangsweise in ihre Herkunftsländer zurückgeführt.

Auch im ersten Halbjahr 2017 ging die Zahl der neu aufgenommenen Asylbewerber in Baden-Württemberg deutlich zurück: Von Anfang Januar bis Ende Juni kamen 7270 Flüchtlinge im Südwesten an. Im gleichen Zeitraum des Jahres 2016 waren es ca. 22.600 Asylsuchende. Nach wie vor kamen die meisten Flüchtlinge aus Syrien, gefolgt von Gambia, Nigeria und dem Irak (*Backnanger Kreiszeitung*, 5.7.2017).

In den Städten und Gemeinden entspannte sich im Laufe des Jahres 2016 die Situation: So wurden z. B. im Rems-Murr-Kreis über den Sommer 2016 hinweg zehn Notunterkünfte geräumt. In enger Abstimmung mit den Kommunen wurden bis Ende November 2016 weitere vier Notunterkünfte geschlossen (*Backnanger Kreiszeitung*, 23.9.2016). Die Herausforderungen vor Ort blieben aber weiterhin bestehen. Obwohl die Landeserstaufnahmestellen entlastet wurden, mussten Kommunen nach wie vor neue Unterkünfte schaffen. Seit August 2016 gilt eine bundesweite Wohnsitzauflage. Anerkannte Asylbewerber dürfen, was ihren Wohnsitz anbelangt, nicht mehr das Land wechseln. Und wer Sozialhilfe beziehen will, muss weiterhin in dem Landkreis wohnen, dem er für die Erstunterbringung zugewiesen wurde. Damit sollte auch eine gerechte Verteilung der anerkannten Asylbewerber zwischen den Kommunen im Land sichergestellt werden. Außerdem sollte die Wohnsitzauflage verhindern, dass anerkannte Flüchtlinge in Ballungszentren und Städte strömen.

Orte der Integration

Kommunen sind der entscheidende Ort der Integration. Es geht im Kern darum, dass Flüchtlingen das Recht zugebilligt wird, Rechte zu haben. Die Stimmung vor Ort ist entscheidend davon abhängig, wie sich die Einheimischen und die Zugewanderten miteinander arrangieren. Dies schließt die Integration von Flüchtlingen mit Bleiberecht in den regionalen und lokalen Arbeitsmarkt mit ein. So haben mit dem neuen Integrationsgesetz Betriebe seit August 2016 die Sicherheit, dass Auszubildende nicht abgeschoben werden und auch nach ihrer Ausbildung noch zwei Jahre bleiben können.

Völlig neu waren für Kommunen die Herausforderungen, die sich durch die Aufnahme von unbegleiteten minderjährigen Flüchtlingen ergaben. Minderjährige unbegleitete Jugendliche wurden von ihren Familien alleine nach Europa geschickt. Zum Teil haben sie auch ihre Angehörigen im Krieg oder während der Flucht verloren. Bis Ende 2015 wurden unbegleitete Jugendliche nicht nach einem Quotensystem verteilt, sondern von der Jugendhilfe bzw. dem örtlichen Jugendamt in Obhut genommen. Inzwischen werden auch sie nach dem *Königsteiner Schlüssel* bundesweit auf Kommunen verteilt. Die meisten Gemeinden und Städte hatten bislang keine oder nur wenig Erfahrungen im Umgang mit diesen oftmals traumatisierten Jugendlichen. Sinnvolle Unterbringungsmöglichkeiten (z. B. in Pflegefamilien), Therapie- und Bildungsangebote sowie dezentrale Wohnformen mussten erst noch geschaffen werden.

Die Rolle der Kommunen ist in der Flüchtlingsfrage durchaus zwiespältig. Als Wohnorte für asylsuchende Menschen müssen Wohnraum, Kindergarten- und Schulplätze und Voraussetzungen für ein verträgliches nachbarschaftliches Miteinander geschaffen werden. Andererseits hatten die Kommunen in den Jahren 2015 und 2016 keine Instrumentarien, um eine planmäßige Integration zu leisten. Viele Kommunen waren auf die Situation unvorbereitet. Konzepte und Wege für eine gelingende Integration mussten erst noch entwickelt werden.

Fehlende Instrumentarien und unzureichende Integrationskonzepte, Unsicherheit bei den kommunalpolitisch Verantwortlichen und Ängste in der Bevölkerung führten mitunter zu Konflikten in Gemeinden und Städten. Bürgerbegehren in den Jahren 2015 und 2016 sind nur ein Beleg für die skeptische Haltung der Bevölkerung.

... und dann kam Corona!

In den Jahren 2020 und 2021 stand und steht der Kampf gegen die Corona-Pandemie im Mittelpunkt des politischen Geschehens. Baden-Württemberg zählte neben Bayern und Nordrhein-Westfalen – wegen der geografischen Nähe zu den Corona-Hotspots in Österreich, Italien und Frankreich sowie den im Januar und Februar 2020 gelegenen Winter- und Faschingsferien – zu den am stärksten vom Coronavirus betroffenen Bundesländern (*Stuttgarter Zeitung*, 31.3.2020).

Auswirkungen der Pandemie auf kommunaler Ebene

Die Pandemie ist nicht nur eine weitere Krise, sie besitzt eine neue Qualität. Sie löste einen wirtschaftlichen Schock aus, führte zu negativen Konjunkturprognosen und brachte das soziale und gesellschaftliche Leben weitgehend zum Stillstand. Die Bewältigung der Pandemie forderte die Kommunen: Gesundheitsschutz, Durchsetzung der Kontaktsperren, Unterstützung der lokalen Wirtschaft oder die Sicherung der Daseinsvorsorge waren dringende und unmittelbare Aufgaben. Diese pandemiebedingten Aufgaben führten zwangsläufig zu nicht geplanten und unvorhersehbaren Ausgaben. Auch Ausfälle bei den Steuereinnahmen kommen hinzu. Die Pandemie wird auch auf absehbare Zeit die kommunalen Haushalte stark beanspruchen. Kommunen haben mit Blick auf das Haushaltsrecht weniger Spielraum als Bund und Länder.

Das Statistische Bundesamt meldete im April 2021, dass die Corona-Krise die öffentlichen Haushalte merklich belastet und ein Finanzierungsdefizit verursacht. Die Ausgaben des öffentlichen Gesamthaushalts stiegen gegenüber 2019 um 12,1 Prozent auf 1678,6 Milliarden Euro. Zugleich sanken die Einnahmen um 3,5 Prozent. In der Summe ergibt sich in den Kern- und Extrahaushalten von Bund, Ländern, Kommunen und Sozialversicherung ein Finanzierungsdefizit von 189,2 Milliarden Euro (*Stuttgarter Nachrichten*, 8.4.2021). Nach Berechnungen des Statistischen Bundesamtes ist das Finanzierungsdefizit der Gemeinden und Gemeindeverbände in den ersten drei Quartalen des Jahres 2020 auf knapp 14,9 Milliarden Euro angewachsen. Im Vergleichszeitraum des Vorjahres 2019 hat das Defizit lediglich 0,4 Milliarden Euro betragen (*Pressemitteilung Statistisches Bundesamt*, 6.1.2021).

Prekäre finanzielle Situation

Städten und Gemeinden hat es sehr geholfen, dass Bund und Länder mit finanziellen Hilfspaketen die Situation vor Ort stabilisiert haben. 2020 wurden die baden-württembergischen Kommunen von Bund und Land mit 4,28 Milliarden Euro gestützt. Auch im zweiten Corona-Jahr leistet die Landesregierung erneut finanzielle Hilfe und will damit Gebühren- und Steuererhöhungen in gebeutelten Städten und

Gemeinden möglichst verhindern. Insgesamt umfasst das Hilfspaket 777 Millionen Euro. Laut Finanzministerium bekommen Kommunen allein 442 Millionen Euro, um Einnahmeausfälle aus acht Monaten Lockdown abzumildern. Mit 20 Millionen Euro beteiligt sich das Land beispielsweise an der Erstattung der Elternbeiträge für die Kinderbetreuung, die von April bis Juni 2021 ausgefallen ist. Zwölf Millionen Euro stellt das Land für die Kompensation von Einnahmeausfällen der Volkshochschulen, Musikschulen und Jugendkunstschulen bereit (*Stuttgarter Zeitung*, 7.7.2021). Allerdings ist schon jetzt absehbar, dass die durch Corona bedingten Mehrausgaben durch Bundes- und Landeszuschüsse nicht vollständig gedeckt werden können.

Dennoch bleibt die Lage der kommunalen Haushalte prekär, sind die zukünftigen finanziellen Spielräume umso geringer, je höher der in den vergangenen Jahren aufgelaufene Schuldenstand ist. Die aktuelle Haushaltsplanung wird viele Kommunen vor schwer lösbare Hürden stellen. Angesichts absehbarer Einnahmerückgänge sind ausgeglichene Haushaltspläne kaum einzuhalten. Insbesondere werden die Städte und Gemeinden mit zum Teil erheblichen Mindereinnahmen bei der Gewerbesteuer und anderen Steuern rechnen müssen.

Absehbare Kürzungen bei Investitionen sind problematisch, da sie Schäden an der kommunalen Infrastruktur verursachen. Die Attraktivität als Wirtschaftsstandort leidet zudem durch das Ausbluten der Innenstädte.

3

»Spielregeln«: Wie funktioniert eine Gemeinde?

Politik vollzieht sich stets in einem Rahmen, der die »Spielregeln« für das politische Handeln vorgibt. In der Politikwissenschaft wird dieser Handlungsrahmen mit dem englischen Wort *polity* bezeichnet. *Polity* kennzeichnet die Ordnung des politischen Systems, dessen Verfassung und Gesetze sowie die politischen Institutionen.

Kommunale Selbstverwaltung

Im Grundgesetz (GG) finden sich in Artikel 28 erste Hinweise zu diesen »Spielregeln«, nach denen Politik in Gemeinden und Städten funktioniert:

Artikel 28 GG
»(1) [...] In den Ländern, Kreisen und Gemeinden muss das Volk eine Vertretung haben, die aus allgemeinen, unmittelbaren, freien, gleichen und geheimen Wahlen hervorgegangen ist. [...]
(2) Den Gemeinden muss das Recht gewährleistet sein, alle Angelegenheiten der örtlichen Gemeinschaft im Rahmen der Gesetze in eigener Verantwortung zu regeln. Auch die Gemeindeverbände haben im Rahmen ihres gesetzlichen Aufgabenbereichs nach Maßgabe der Gesetze das Recht der Selbstverwaltung. [...] Selbstverwaltung umfasst auch die Grundlagen der finanziellen Eigenverantwortung [...].«

Das Grundgesetz macht die verbindliche Vorgabe, dass es in allen Bundesländern eine kommunale Selbstverwaltung geben muss. Im Rahmen dieser Selbstverwaltungsgarantie haben Gemeinden und Städte eigene Kompetenzen und Zuständigkeiten sowie eine eigenverantwortliche Finanzwirtschaft. Das Selbstverwaltungsrecht umfasst sechs Tätigkeitsfelder:

- die *Personalhoheit* räumt Gemeinden und Städten das Recht ein, ihr Personal auszuwählen, anzustellen, zu befördern und zu entlassen;
- die *Organisationshoheit* umfasst das Recht der Kommunen zur eigenen Gestaltung ihrer Verwaltungsorganisation;
- die *Planungshoheit* räumt Gemeinden und Städten das Recht ein, Bauleitpläne (Flächennutzungs- und Bebauungspläne) aufzustellen, um das Gemeindegebiet zu gestalten;

3 »Spielregeln«: Wie funktioniert eine Gemeinde?

- die *Rechtsetzungshoheit* meint das Recht, kommunale Satzungen zu erlassen;
- die *Finanzhoheit* gibt Kommunen das Recht zur eigenverantwortlichen Bewirtschaftung ihrer Einnahmen- und Ausgaben;
- die *Steuerhoheit* schließlich räumt Städten und Gemeinden das Recht zur Erhebung von Steuern ein.

Artikel 28 gibt im ersten Absatz auch die »Spielregeln« vor, nach denen die Organe (Bürgermeister und Gemeinderäte) einer Gemeinde gewählt werden.

Auch den Landkreisen, die im Grundgesetz »Gemeindeverbände« genannt werden, wird das Recht zur kommunalen Selbstverwaltung garantiert. Die 35 Landkreise in Baden-Württemberg nehmen Aufgaben wahr, die aufgrund ihrer Größenordnung einzelne Gemeinden überfordern. Landkreise investieren z. B. in Krankenhäuser und Berufsschulen oder in die Abfallwirtschaft, in den Öffentlichen Personennahverkehr und den Ausbau und Erhalt der Kreisstraßen. Die 35 Landkreise und deren Gebietsgröße sind ein Ergebnis der Kommunal- und Gebietsreform in den 1970er Jahren. Neun baden-württembergische Städte (Baden-Baden, Freiburg, Heidelberg, Heilbronn, Karlsruhe, Mannheim, Pforzheim, Stuttgart und Ulm) sind Stadtkreise, d. h. sie sind Gemeinde und Kreis zugleich.

Gemeindeordnung

Im föderalen System der Bundesrepublik Deutschland stellen die Gemeinden nach dem Bund und den Ländern die unterste (Verwaltungs-)Ebene dar. Staatsrechtlich gehören sie zu den jeweiligen Ländern, d. h. die Länderparlamente legen in den Kommunalverfassungen die kommunalen »Spielregeln« fest. Die Regelung der Details der kommunalen Selbstverwaltung ist somit Ländersache. Die Kommunalverfassungen geben u. a. das Wahlsystem, die Kompetenzen und Zuständigkeiten der Gemeinderäte und Bürgermeister und selbst die Gemeindegrenzen – und damit die Größe – der Gemeinden vor. In Baden-Württemberg wird diese Kommunalverfassung schlicht Gemeindeordnung (GemO) genannt.

Gemeindegröße

Neben der Gemeindeordnung prägt auch die Gemeindegröße als ungeschriebene »Spielregeln« die Politik in einer Kommune. Die Größe einer Gemeinde bestimmt oftmals die vor Ort auftretenden und zu lösenden Probleme. Kleinere und mittlere Kommunen haben andere Themen auf der Tagesordnung als Städte. Je nach Gemeindegröße ist die Kommunalpolitik überschaubar bzw. bei zunehmender Größe weniger überschaubar. Hinzu kommt ein weiterer Punkt: In kleineren Gemeinden wird die Politik eher von alteingesessenen und vor allem weithin bekannten Personen bestimmt. Mit zunehmender Größe einer Kommune hingegen gewinnen die Parteien im politischen Leben einer Kommune an Einfluss.

Gebiets- und Verwaltungsreformen

Die Zahl der Gemeinden und deren Größe haben sich durch Gebiets- und Verwaltungsreformen in den 1960er und 1970er Jahren stark verändert. Damit Kommunen und Landkreise ihre Selbstverwaltungsaufgaben besser bewältigen können, haben in ganz Deutschland Ende der 1960er bis Mitte der 1970er Jahre kommunale Gebietsreformen stattgefunden. Diese Reformen verfolgten mehrere Ziele:

♦ Die Verwaltungskraft der Landkreise und Kommunen sollte gestärkt und professioneller werden. Es galt, die Verwaltung auf allen Verwaltungsebenen bürgernäher und effizienter zu gestalten.

- Außerdem erwartete man durch die Zusammenlegung von mehreren Gemeinden finanzielle Einsparungen bei der Kommunalverwaltung.
- Die Zahl der ländlichen Gemeinden sollte reduziert werden. Dies hatte u. a. Eingemeindungen kleinerer Dörfer in größere Städte und Neugliederungen zur Folge.

Ziel der Reform war es auch, gleichwertige Lebensverhältnisse für alle Bürger zu schaffen: Die jeweiligen Vor- und Nachteile des Lebens in der Stadt und im ländlichen Raum sollten sich die Waage halten. Nach der Gründung des Südweststaats im Jahr 1952 entwickelten sich im Zuge des sogenannten Wirtschaftswunders die Gemeinden auseinander. Die boomende Wirtschaft zog Menschen in industrielle Zentren, in denen der Bedarf an Arbeitskräften zunahm. In strukturschwachen Gegenden wanderte vor allem die jüngere Generation ab. In Kommunen, in denen eine prosperierende Industrie die kommunalen Kassen füllte, bestanden vermehrt finanzielle Spielräume für Investitionen, die den gestiegenen Ansprüchen der Bürger gerecht werden konnten. Andere Gemeinden hingegen fielen zurück, die Kosten für die kommunale Infrastruktur waren immer schwieriger zu schultern. Leistungs- und funktionsfähige Städte und Gemeinden – so die Argumentation – seien für das für das Gedeihen Baden-Württembergs unabdingbar.

In Baden-Württemberg sind mit Wirkung vom 1. Januar 1973, an dem das Kreisreformgesetz in Kraft trat, die ehemals 63 Landkreise zu 35 zusammengefasst worden. Die Gemeindereform wurde am 1. Januar 1975 abgeschlossen: Anstatt 3379 gab es nur noch 1110 Gemeinden (Brachat-Schwarz 2016, S. 6). 187 Kommunen blieben als Einzelgemeinden bestehen. Die restlichen 923 Gemeinden wurden mit Wirkung vom 1. Juli 1975 in 271 Verwaltungsgemeinschaften zusammengefasst. Heute gibt es in Baden-Württemberg 1101 Städte und Gemeinden. Hinzu kommt ein Gemeindefreies Gebiet, der lange Jahre als Truppenübungsplatz genutzte Gutsbezirk Münsingen auf der Schwäbischen Alb.

Durch die Gebietsreform gewannen die Gemeinden – so die Befürworter der Reform – vor allem im ländlichen Raum an Leistungs- und Verwaltungskraft. Kritiker befürchteten durch die Abwanderung der früher im Ort ansässigen Verwaltung fehlende Bürgernähe und größere Anonymität. Anfangs war auch die Zusammenlegung verstreuter und oft recht unterschiedlicher Gemeindeteile umstritten. Über 40 Jahre nach der Gemeindegebietsreform kann nicht eindeutig beantwortet werden, ob größere oder kleinere Kommunen von Vorteil sind. Zum einen wird die Verwaltung mit wachsender Gemeindegröße bürgerferner und der Prozess der politischen Entscheidungen weniger durchschaubar. Zum anderen wird argumentiert, dass sehr kleine Gemeinden nur bedingt in der Lage seien, ihre Aufgaben effizient zu erledigen. Als Gründe hierfür werden ein zunehmender Regelungsbedarf und ständige (technische) Weiterentwicklungen angeführt.

In Deutschland gab es vor den Gebietsreformen 24.278 selbstständige Gemeinden. Nach Abschluss der Reformen war die Zahl der Gemeinden auf 8496 gesunken. Am 31.12.2015 betrug die Anzahl aller Gemeinden in Deutschland 11.092.

Baden-Württemberg ist trotz der kommunalen Gebietsreform ein Land der kleinen und mittleren Gemeinden geblieben. In den inzwischen 1101 Gemeinden leben rund 11,1 Millionen Menschen, davon 9,1 Millionen in den Landkreisen und rund zwei Millionen in neun Stadtkreisen. Die Spannweite reicht von gerade mal 100 Einwohnern (Böllen im Landkreis Lörrach) bis zu über 600.000 in der Landeshauptstadt Stuttgart. Die durchschnittliche Einwohnerzahl je Gemeinde lag am Stichtag 7. Juni 2021 laut Statistischem Landesamt bei rund 4800.

In mehr als 50 Prozent aller Gemeinden leben nur bis zu 5000 Einwohner (Brachat-Schwarz 2016, S. 3). Lediglich vier Städte haben mehr als 200.000 Einwohner: Stuttgart (632.743), Karlsruhe (311.919), Mannheim (307.997) und Freiburg im Breisgau (229.636). Fünf weitere Städte haben über 100.000 Einwohner: Heidelberg (160.601), Ulm (125.596), Heilbronn (125.113), Pforzheim (124.289) sowie Reutlingen (116.031). 94 weitere Kommunen mit mehr als 20.000 Einwohnerinnen und Einwohnern sind sogenannte Große Kreisstädte (Stand: 16.8.2021). Das

Stadtoberhaupt einer Großen Kreisstadt darf sich Oberbürgermeister nennen.

Kommunalverfassungen

In den deutschen Ländern haben sich 1945 nach der Befreiung Deutschlands durch die alliierten Siegermächte (Frankreich, Großbritannien, USA und UdSSR) in den vier Besatzungszonen unterschiedliche Kommunalverfassungen entwickelt. Die kommunale Ebene nahm für die Alliierten eine Schlüsselrolle bei der Demokratisierung Deutschlands ein. Die Siegermächte beteiligten bereits 1945 politisch unbelastete Deutsche an der Erledigung kommunaler Verwaltungsaufgaben. Schon 1946, d. h. im ersten Nachkriegsjahr, fanden die ersten Kommunalwahlen statt. In den westlichen Teilen Deutschlands existierten bereits 1947 funktionsfähige kommunale Strukturen. Bis in die 1990er Jahre gab es vier unterschiedliche Verfassungstypen, die sich vor allem auf die Rolle und (Macht-)Position des Bürgermeisters ausgewirkt haben (▶ Tab. 1). In den 1990er Jahren kam es zu einer bundesweiten Reformwelle. Im Zuge dieser Reform haben sich alle Gemeindeverfassungen in Deutschland an der *Süddeutschen Ratsverfassung* orientiert. Dieser Verfassungstyp prägte (und prägt) die Kommunalpolitik in Baden-Württemberg und Bayern.

Demokratischer Wiederaufbau

Beim demokratischen Wiederaufbau Deutschlands haben sich die Besatzungsmächte zum einen an den regionalen Traditionen vor 1933 orientiert, zum anderen – wie die britische Besatzungsmacht in Niedersachsen und Nordrhein-Westfalen – ihre eigenen kommunalpolitischen Ordnungsvorstellungen umgesetzt. Unter der Diktatur der Nationalsozialisten war es 1933–1945 zu einer Gleichschaltung und

Eingliederung der Städte und Gemeinden in das NS-Herrschaftssystem gekommen.

Nach 1945 bildeten sich in den westdeutschen Ländern vier Verfassungstypen heraus, die nach der Reform in den 1990er Jahren inzwischen weitgehend Geschichte sind. Tabelle 1 gibt einen knappen Überblick über diese vier Spielarten der kommunalen Selbstverwaltung.

Tab. 1: Kommunalverfassungen in Deutschland vor der Reformwelle der 1990er Jahre

Verfassungstyp	Länder	Merkmale
Süddeutsche Ratsverfassung	Baden-Württemberg Bayern	Der *direkt gewählte* Bürgermeister ist stimmberechtigter Vorsitzender des Gemeinderats. Er ist Repräsentant und Rechtsvertreter der Gemeinde nach außen und innen und leitet die Verwaltung. Man nennt diesen Führungstyp »Einheitsspitze«, d. h. die politische und administrative (zur Verwaltung gehörende) Führung liegt beim Bürgermeister.
Norddeutsche Ratsverfassung	Niedersachsen Nordrhein-Westfalen	Der Bürgermeister ist Vorsitzender des Rats und Repräsentant der Gemeinde nach außen und innen. Der Stadt- oder Gemeindedirektor leitet die Verwaltung. *Beide werden vom Rat gewählt.* Im Gegensatz zur Einheitsspitze spricht man von einer »Doppelspitze«, d. h. die politische und die administrative Führung sind voneinander getrennt.
Magistratsverfassung	Hessen Schleswig-Holstein (Städte)	Der Bürgermeister ist Leiter der Verwaltung. Er ist Mitglied des Magistrats (in Städten) bzw. des Gemeindevorstands, der kollegial entscheidet. Der Bürgermeister wird *direkt gewählt*, die haupt- und ehrenamtlichen Mitglieder des Magistrats *werden vom Rat gewählt*.

3 »Spielregeln«: Wie funktioniert eine Gemeinde?

Tab. 1: Kommunalverfassungen in Deutschland vor der Reformwelle der 1990er Jahre – Fortsetzung

Verfassungstyp	Länder	Merkmale
Bürgermeisterverfassung	Schleswig-Holstein (Landgemeinden) Rheinland-Pfalz Saarland	Der Bürgermeister ist Vorsitzender des Rats. Er ist Repräsentant und Rechtsvertreter der Gemeinde nach außen und innen und leitet die Verwaltung. *Er wird vom Rat gewählt.*

Quelle: Gehne 2012, S. 22

DDR

In der Deutschen Demokratischen Republik (DDR) gab es keine kommunale Selbstverwaltung. Nach der Gründung der DDR im Jahr 1949 wurde von der Volkskammer, dem Parlament der ehemaligen DDR, am 23. Juli 1952 die staatliche Neugliederung der DDR beschlossen. Im Rahmen einer Verwaltungsreform wurden – mit Ausnahme Ost-Berlins – die fünf Länder Mecklenburg, Brandenburg, Sachsen-Anhalt, Thüringen und Sachsen in 14 Bezirke aufgelöst. Nach der Abschaffung der fünf Länder funktionierte der Staatsapparat nur noch zentralistisch. Die Kommunen wurden zur untersten Verwaltungsebene des Staatsapparates herabgestuft. Das in der Verfassung der DDR von 1949 zunächst zugestandene Recht auf kommunale Selbstverwaltung wurde 1952 kurzerhand abgeschafft. Diese Rangordnung garantierte der DDR-Regierung den direkten Zugriff bis in die einzelnen Kommunen hinein. Das DDR-Regime konnte von oben nach unten ohne Widerspruch »durchregieren«.

Die kommunale Selbstverwaltung wurde erst nach der demokratischen Revolution von 1989 eingeführt. Nach der deutschen Wiedervereinigung am 3. Oktober 1990 wurde die Verwaltung in den fünf Ländern Brandenburg, Mecklenburg-Vorpommern, Sachsen, Sachsen-Anhalt und Thüringen neu aufgebaut. Die neuen Länder machten von ihrem durch das Grundgesetz in Artikel 28 verbrieften Recht Gebrauch und gaben sich eigene Kommunalordnungen. Dabei wurde auf »bewährte« Muster und Verfahren der westdeutschen Gemeinden und Städte zurückgegriffen. Da die personellen und organisatorischen Voraussetzungen in den neuen Ländern zunächst weitgehend fehlten, orientierte sich der Aufbau der kommunalen Selbstverwaltung an westdeutschen Vorbildern. In den ostdeutschen Ländern gewannen bei der Diskussion um die zukünftige Kommunalverfassung basis- und direktdemokratische Verfahren an Gewicht. Direktdemokratische Verfahren wie Bürgerbegehren, Bürgerentscheid und die Direktwahl des Bürgermeisters waren nach der Friedlichen Revolution von 1989/1990 Selbstverständlichkeiten. Die von den Bürgern der DDR getragene Revolution führte zum Mauerfall, zur Öffnung der innerdeutschen Grenze und schließlich zur Wiedervereinigung. Die Bürger der DDR hatten hinreichend bewiesen, dass sie »reif« für die Demokratie waren, hatte doch die Bürgerrechtsbewegung maßgeblich zum Sturz des DDR-Regimes beigetragen.

Angleichung der Ratsverfassungen

In den alten Ländern war eine Volksabstimmung in Hessen am 20. Januar 1991 ein weiterer Grund für die Angleichung der Gemeindeverfassungen. Unter Hessens Ministerpräsident Walter Wallmann (CDU) wurde 1991 die Direktwahl der Bürgermeister, Oberbürgermeister und Landräte in die hessische Verfassung aufgenommen. Bemerkenswert ist, dass sich 82 Prozent der Abstimmenden *für* die Direktwahl ausgesprochen haben. Das Ergebnis machte auch andere Länder hellhörig und löste eine Reformwelle aus. In den kommenden fünf Jahren wurden die wichtigsten Elemente des süddeutschen Modells von den anderen Ländern übernommen. Die einst »schwachen« (Ober-)Bürgermeister der Länder mit *Norddeutscher Ratsverfassung* und *Magistratsverfassung* erhielten durch die Einführung der Direktwahl mehr Kompetenzen und letztlich mehr Macht. Zur gleichen Zeit wurden auch die direktdemokratischen Mitwirkungsinstrumente Bürgerbegehren und Bürgerentscheid in den Kommunalordnungen verankert. Die *Süddeutsche Ratsverfassung* wurde in den

3 »Spielregeln«: Wie funktioniert eine Gemeinde?

1990er Jahren zum »Regelmodell«. Nur Hessen blieb auf halbem Wege stehen. Der Bürgermeister wird auch in Hessen direkt gewählt. Beibehalten wurde der Magistrat (in Städten) bzw. der Gemeindevorstand. Diese beiden Organe erledigen die Verwaltungsgeschäfte und führen die Beschlüsse der Gemeindevertretung aus. Die Gemeindeverwaltung wird von Bürgermeister und Beigeordneten geleitet. Beigeordnete haben eigene Geschäftsbereiche, die sie selbstständig und in eigener Verantwortung leiten. Die Stimme des Bürgermeisters zählt nicht mehr als die Stimme eines Beigeordneten – er ist demnach (nur) der Erste unter Gleichen.

Im Laufe der 1990er Jahre übernahmen die 13 Flächenländer fünf Merkmale der baden-württembergischen Gemeindeordnung:

- Der Bürgermeister wird durch Direktwahl von den Bürgern der Gemeinde auf Zeit gewählt.
- Die Bürger können durch Bürgerantrag, Bürgerbegehren und Bürgerentscheid bei wichtigen Angelegenheiten ihre Interessen geltend machen, mitreden und politisch entscheiden.

In manchen Ländern kommen (bis zu) drei weitere Merkmale hinzu:

- Der direkt gewählte Bürgermeister ist der alleinige Chef der Gemeindeverwaltung.
- Der direkt gewählte Bürgermeister ist stimmberechtigter Vorsitzender des Gemeinderats sowie seiner Ausschüsse.
- Bei der Wahl des Gemeinderats können die Bürger Kandidaten aus verschiedenen Listen wählen (Panaschieren) und ihnen bis zu drei Stimmen geben (Kumulieren)

Die *Süddeutsche Ratsverfassung* ist somit ein baden-württembergischer »Exportschlager« geworden: Alle anderen Länder haben (mehr oder weniger) die *Süddeutsche Ratsverfassung* übernommen.

Gemeindeorgane: Wer hat in einer Gemeinde das Sagen?

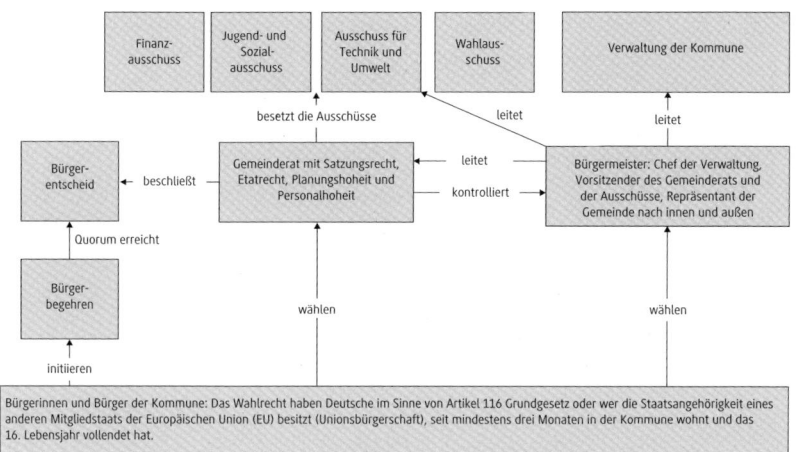

Abb. 1: Baden-Württembergs Kommunalverfassung im Überblick. (Quelle: Eigene Darstellung)

Gemeindeorgane: Wer hat in einer Gemeinde das Sagen?

Kommunen handeln durch ihre beiden Organe Gemeinderat und Bürgermeister. Der Gemeinderat ist die politische Vertretung der Bürgerschaft und nach Paragraf 24 der Gemeindeordnung das Hauptorgan der Kommune. Für ihn gilt der Grundsatz der Allzuständigkeit, d. h. er entscheidet über alle Angelegenheiten der Gemeinde und er legt die Grundsätze für die Verwaltung fest (soweit nicht der Bürgermeister kraft Gesetz zuständig ist). In seine Zuständigkeit fällt auch die Kontrolle der Gemeindeverwaltung. Er muss den Vollzug der Gemeinderatsbeschlüsse überwachen und im Fall von Missständen für deren Beseitigung sorgen. Zu den wichtigsten Aufgaben des Gemeinderats gehören:

- Ein Aufgabengebiet ist das *Satzungsrecht*. Der Gemeinderat hat ein kommunales »Gesetzgebungsrecht«. Er kann Satzungen erlassen, deren Geltungsbereich auf die Gemeinde beschränkt ist.
- Durch das *Etatrecht* kann der Gemeinderat über die Haushaltsmittel und deren Verwendung verfügen.
- Unter die *Planungshoheit* des Gemeinderats fallen Planungen zur Gemeindeentwicklung, Planungen zur Flächennutzung und zur Bebauung sowie Finanzplanungen.
- Die *Personalhoheit* gibt dem Gemeinderat die Zuständigkeit für die Einstellung, Beförderung und Entlassung von Bediensteten der Gemeinde.

Der Gemeinderat kann nicht alle Angelegenheiten einer Kommune in den Gemeinderatssitzungen selbst behandeln. Dafür gibt es beschließende oder beratende Ausschüsse, die Entscheidungen sachkundig vorbereiten oder Entscheidungen anstelle des Gemeinderats treffen. Die Ausschüsse erleichtern die Arbeit des Gemeinderats. Sie bereiten Gemeinderatsbeschlüsse vor. Fallen Beschlüsse in die Zuständigkeit eines Ausschusses, darf dieser auch entscheiden. Welche Ausschüsse gebildet werden, kann ein Gemeinderat selbst entscheiden. Größere Gemeinden und Städte haben oft einen Verwaltungs-, Personal-, Finanz-, Wirtschafts-, Bau-, Kultur-, Schul- und Sportausschuss. Da der Bürgermeister u. a. auch Vorsitzender der Ausschüsse ist, kann dies angesichts seiner anderen Aufgaben zu Terminkollisionen führen und sein Zeitbudget überfordern. Daher sind baden-württembergische Gemeinden eher zurückhaltend, wenn es um die Bildung von Ausschüssen geht.

Ortschaftsräte

In Kommunen mit räumlich getrennten Ortschaften, d. h. mit Teilorten, gibt es neben den Gemeinderäten auch Ortschaftsräte. Die Mitglieder des Ortschaftsrats werden ebenfalls bei den Gemeinderatswahlen gewählt. Der Ortschaftsrat berät Angelegenheiten, die den Teilort betreffen. Auf Vorschlag des Gemeinderats wird für die Teilorte ein ehrenamtlicher Ortsvorsteher bestimmt, der die Interessen des Teilorts wahrnimmt und vor Ort den Bürgermeister vertritt.

Der Gemeinderat ist nicht mit einem Parlament (z. B. Bundestag oder Landtag) zu vergleichen, sondern ein Organ der Verwaltung der Gemeinde. Eine gute Kommunalpolitik ist wesentlich auf das gemeinsame Wirken bzw. Zusammenspiel der beiden Organe Bürgermeister und Gemeinderat angewiesen. Bürgermeister und Gemeinderat haben zwar ungleiche Befugnisse, müssen sich aber in kommunalen Angelegenheiten arrangieren und zusammenarbeiten. In aller Regel ist die Politik in den Gemeinden Baden-Württembergs kooperativ: Übereinkünfte werden angestrebt, Konfrontationen sind eher selten. Beide Gemeindeorgane sind sich ihrer gemeinsamen Verantwortung für das Wohl der Gemeinde bewusst.

Obwohl der Gemeinderat laut Gemeindeordnung das Hauptorgan der Gemeinde ist, sieht die kommunale Wirklichkeit anders aus: Der Bürgermeister ist der zentrale und eigentliche Akteur der Gemeinde.

Der Bürgermeister: Vorsitzender des Gemeinderats, Verwaltungschef und Repräsentant der Gemeinde

Die baden-württembergische Gemeindeordnung nennt als Organe der Gemeinde den Gemeinderat und den Bürgermeister. Das Hauptorgan ist gemäß der Gemeindeordnung der Gemeinderat, der über sämtliche Angelegenheiten der Gemeinde entscheiden soll. Die Wirklichkeit sieht jedoch anders aus: Die baden-württembergische Gemeindeordnung verleiht dem Bürgermeister eine enorme Machtfülle. Die Verwaltungswirtin Alexandra Klein vergleicht die Position des Bürgermeisters mit der eines Geschäftsführers eines Unternehmens (Klein 2014, S. 41).

Die Direktwahl verleiht dem Bürgermeister eine »höhere Weihe« und damit eine starke Stellung und Durchsetzungskraft gegenüber

3 »Spielregeln«: Wie funktioniert eine Gemeinde?

dem Gemeinderat. Der Bürgermeister hat durch drei Führungsfunktionen eine herausgehobene Stellung:

(1) Er ist Chef der Kommunalverwaltung, die auf ihn zugeschnitten und ihm rechtlich unterstellt ist. Als Leiter der Verwaltung sind ihm alle Aufgaben übertragen, die er im Auftrag des Landes oder des Bundes durchführt (Weisungsaufgaben). Der Bürgermeister selbst ist weisungsbefugt, d. h. er kann den Verwaltungsangestellten und Gemeindearbeitern dienstliche Aufträge erteilen und ihre Zuständigkeit abgrenzen. Die Macht des Bürgermeisters ist umso größer, wenn er sich um die laufenden Geschäfte kümmert, ohne dass der Gemeinderat dies beeinflussen kann.

(2) Der Bürgermeister ist stimmberechtigter Vorsitzender des Gemeinderats und aller Ausschüsse, d. h. er kann mitberaten und mitentscheiden wie jedes andere Mitglied des Gemeinderats. Er legt die Tagesordnung fest, öffnet, leitet und schließt die Gemeinderatssitzungen. Er kann sogar gegen Beschlüsse des Gemeinderats, die er für rechtswidrig einstuft oder mit denen er nicht einverstanden ist, Widerspruch einlegen.

(3) Zudem repräsentiert er die Gemeinde nach außen und gegenüber den Einwohnern im Inneren. Nach außen ist er Rechtsvertreter und Handlungsbevollmächtigter der Kommune. Er nimmt die Außenkontakte wahr, wenn es z. B. um die Beschaffung von Zuschüssen oder Fördermitteln geht. Er ist sozusagen der »Außenminister« der Gemeinde.

Als Chef der Verwaltung, Vorsitzender des Gemeinderats und Repräsentant seiner Kommune nach innen und außen hat der Bürgermeister ideale Voraussetzungen, etwas zu bewegen und die Kommune steuern zu können. Im Vergleich mit anderen Ländern haben Bürgermeister in Baden-Württemberg eine enorme Machtposition, die sich so in keinem anderen Bundesland findet. Ebenso ist der Bürgermeister durch den Wahlmodus bis zu einem gewissen Grad vom Gemeinderat unabhängig. Die Amtszeit der Bürgermeister beträgt acht Jahre, die des Gemeinderats hingegen fünf Jahre. Der Politikwissenschaftler

Hans-Georg Wehling, ein ausgewiesener Experte in Fragen der Kommunalpolitik, spricht mit Blick auf den Bürgermeister daher von einem »Wahlkönig auf Zeit« (Wehling 1996, S. 156).

Kommunalwahlen I: Bürgermeisterwahlen

Zu den Kommunalwahlen zählt man Wahlen zu den Gemeinderäten, Ortschaftsräten, Bezirksbeiräten sowie die Bürgermeisterwahlen. Auch die Wahl der Kreisräte und der Mitglieder der Regionalversammlung des Verbands Region Stuttgart fallen unter den Begriff der Kommunalwahlen. Diese Wahlen finden in Baden-Württemberg alle fünf Jahre statt.

Bürgermeisterwahlen sind für Kommunen Chance und Risiko zugleich. Eine Chance sind sie dann, wenn von den Bürgern ein souveräner und fachlich kompetenter Bürgermeister gewählt wird. Für Städte und Gemeinden können Bürgermeisterwahlen aber auch ein Risiko sein. Nämlich dann, wenn sich die Bürger für einen ungeeigneten Kandidaten entscheiden.

Bürgermeisterwahlen finden stets dann statt, wenn die achtjährige Amtszeit des amtierenden Bürgermeisters endet oder wenn er in den Ruhestand geht oder verstirbt. Bürgermeisterwahlen werden auch durchgeführt, wenn der Amtsinhaber sich in einer anderen Gemeinde beworben hat und dort zum Bürgermeister gewählt wurde.

Die Direktwahl des Bürgermeisters hat in Baden-Württemberg eine lange Tradition. Die unmittelbare Wahl des Bürgermeisters wurde von den anderen Bundesländern in den 1990er Jahren nach und nach eingeführt. Diese »Volkswahl« (Hans-Georg Wehling) verleiht dem Bürgermeister eine »höhere Weihe«, mehr Macht und Durchsetzungskraft gegenüber dem Gemeinderat.

Wählbar zum Bürgermeister sind Deutsche im Sinne von Artikel 116 Grundgesetz und Unionsbürger, die am Wahltag zwischen 25 Jahre, aber noch nicht 68 Jahre alt sind. Die Bewerber müssen zudem die Gewähr dafür bieten, dass sie für die freiheitlich-demokratische Grundordnung eintreten.

Qualifikation und parteipolitische Distanz

Obwohl für das Bürgermeisteramt keine besondere Aus- und Vorbildung der Kandidaten notwendig ist, sind ca. 90 Prozent der amtierenden Bürgermeister Verwaltungsfachleute. Die Wähler bevorzugen in der Regel einen bestimmten Bürgermeistertyp. Zumeist machen jüngere, parteiunabhängige Verwaltungsfachleute von außerhalb der Gemeinde das Rennen. Gegenwärtig sind mehr als die Hälfte der Bürgermeister parteilos. Treten Parteimitglieder zur Wahl an, betonen sie in der Regel entschieden ihre parteipolitische Distanz. Sie verstehen sich als unabhängige Bewerber, die keine Parteiinteressen vertreten. In größeren Städten ist jedoch ein Bürgermeisterwahlkampf ohne finanzielle und organisatorische Unterstützung durch eine Partei nahezu unmöglich. Gewählt wird dann derjenige Kandidat, der glaubhaft vermitteln kann, die Interessen aller Bürger möglichst »über den Parteien stehend« zu vertreten.

Für die Kandidatur reicht ein Bewerbungsschreiben samt einer Wählbarkeitsbescheinigung. In Städten mit über 20.000 Einwohnern benötigen die Bewerber außerdem eine Liste mit Unterstützungsunterschriften, damit sie vom Gemeindewahlausschuss zur Wahl zugelassen werden. Die notwendige Anzahl der Unterschriften reicht von mindestens 50 Unterschriften bei Kommunen mit bis zu 50.000 Einwohnern bis zu 250 Unterschriften bei Städten mit über 200.000 Einwohnern.

Der Bürgermeister wird in allgemeiner (alle Bürger können teilnehmen), unmittelbarer (der Bürgermeister wird direkt gewählt), freier (ohne Druck oder Zwang), gleicher (jede Stimme zählt gleich viel) und geheimer (Wählerentscheidung ist nicht erkennbar) Wahl gewählt. Gewählt ist, wer im ersten Wahlgang die absolute Mehrheit, d. h. mehr als 50 Prozent, der gültigen Stimmen erhält. Falls im ersten Wahlgang auf keinen Bewerber mehr als Hälfte der gültigen Stimmen entfällt, findet ein zweiter Wahlgang statt. Im Grunde ist dieser zweite Wahlgang eine Neuwahl, die anderen Regeln folgt. Bei dieser Wahl genügt die relative Mehrheit eines Kandidaten. Gewählt ist, wer die höchste Stimmenzahl und damit mehr Stimmen als die anderen Mitbewerber bekommt.

Die Wahlbeteiligung bei Bürgermeisterwahlen lag in den Jahren 2010 bis 2017 im Durchschnitt knapp über der 50-Prozentmarke. Dabei schwankte die Beteiligungsquote von 47,5 Prozent im Jahr 2017 bis 55 Prozent im Jahr 2013 (Schwarz 2019, S. 35). Bei Bürgermeisterwahlen liegt die Wahlbeteiligung etwas über der Beteiligung bei Gemeinderatswahlen.

Die Wahlbeteiligung hängt stark von der Größe der Kommune ab. Als Faustregel gilt: Je kleiner die Gemeinde, desto höher ist die Wahlbeteiligung. Während die durchschnittliche Wahlbeteiligung in Gemeinden oberhalb von 5000 Einwohner unterhalb der Schwelle von 50 Prozent liegt, zeigen die Wahlberechtigten in kleineren Kommunen mit weniger als 2000 Einwohnern (Beteiligungsquote: 63,0 %), aber auch jene in Gemeinden der Größenklasse 2000 bis unter 5000 Einwohner (Beteiligungsquote: 55,1 %) eine deutlich höhere Beteiligung an Bürgermeisterwahlen. Die niedrigsten Beteiligungsquoten werden in Städten mit 50.000 bis unter 100.000 Einwohnern (36,7 %) und in Großstädten von 100.000 bis unter 500.000 Einwohnern (36,1 %) gemessen.

Außerdem hängt die Wahlbeteiligung von der Anzahl der Bewerber und dem Wiederantritt des Amtsinhabers ab. Ebenso ist die Quote bei Neuwahlen in aller Regel höher.

Der Gemeinderat: »Freizeitpolitiker«

Die Amtszeit des Gemeinderats beträgt fünf Jahre. Gemeinderäte werden in allgemeiner, unmittelbarer, freier, gleicher und geheimer Wahl durch die Bürger gewählt. Die Besonderheit des baden-

3 »Spielregeln«: Wie funktioniert eine Gemeinde?

württembergischen Wahlsystems mit der Möglichkeit des Kumulierens und Panaschierens begünstigt Personen, die in der Gemeinde bekannt sind und über ein gutes Ansehen verfügen. Zu diesen sogenannten Honoratioren gehören Handwerker, Selbstständige, Ärzte und Apotheker, Beamte und Angestellte. Die Gemeinderatswahlen orientieren sich an der Person der Kandidaten: Man wählt diejenigen, die man kennt, die in der Gemeinde verwurzelt und gut angesehen sind.

Das Bemühen des Gemeinderats, sachgerechte Lösungen für die Gemeinde zu finden und angemessene Entscheidungen zu treffen, stößt jedoch an Grenzen. Der Politikwissenschaftler Hans-Georg Wehling hat die Mitglieder des Gemeinderats als »Feierabendpolitiker« charakterisiert (Wehling 2014, S. 17). Diesen ehrenamtlich tätigen »Feierabendpolitikern« steht der »Profi«, der hauptamtlich tätige Bürgermeister gegenüber. Er besitzt zumeist einen Informationsvorsprung und ist Chef eines Verwaltungsapparats, der ihm sachkundig zuarbeitet. Je größer eine Gemeinde ist, desto komplexer werden die Aufgaben. Ehrenamtlich tätige Gemeindevertreter sind hier eindeutig im Nachteil. Dies hat mehrere Gründe. Die Mitglieder des Gemeinderats, häufig Selbstständige und/oder Handwerker, sind vielfach zeitlich überlastet. Sie haben nicht den Wissensvorsprung und das Fachwissen der Verwaltungsfachleute. Bei Vorlagen der Verwaltung kommen die Mitglieder des Gemeinderats aufgrund mangelnder Sachkompetenz oftmals an ihre Grenzen (und segnen letztendlich die Vorlagen ab). Hinzu kommt eine weitere »Spielregel«: Der Arbeitsanfall und die zeitliche Belastung von Gemeinderäten steigen mit der Größe der Gemeinde.

Anzumerken bleibt, dass ein routinierter Bürgermeister nicht seinen Informationsvorsprung und sein Fachwissen ausspielen wird, sondern Überzeugungsarbeit leistet und Übereinkünfte anstrebt. Der Trumpf in der Hand der Gemeinderäte ist nämlich ihre starke Position in der Phase der rechtsgültigen Entscheidung. Auch ein Bürgermeister braucht Mehrheiten im Gemeinderat.

Kommunalwahlen II: Gemeinderatswahlen

Wahlgrundsätze, Kumulieren und Panaschieren

Gemeinderäte werden wie Abgeordnete auf Landes- oder Bundesebene in allgemeiner, unmittelbarer, freier, gleicher und geheimer Wahl von den Bürgern gewählt. Gewählt wird in der Regel aufgrund von Wahlvorschlägen (Listen) nach den Grundsätzen der Verhältniswahl. Gewählt werden kann nur, wer in einen Wahlvorschlag aufgenommen wurde. Stimmen für einen Bewerber, der auf keinem zugelassenen Wahlvorschlag steht, sind demnach ungültig. Jeder Wähler darf so viele Stimmen abgeben, wie Sitze im Gemeinderat zu besetzen sind.

Die zulässige Höchstzahl der Bewerber auf dem Wahlvorschlag entspricht der Zahl der zu wählenden Gemeinderäte bzw. Ortschaftsräte. Die Zahl der Mitglieder in den Gemeinderatsgremien ist gesetzlich festgelegt und bewegt sich zwischen mindestens acht Gemeinderäten bei Gemeinden mit nicht mehr als 1000 Einwohnern und höchstens 60 Gemeinderäten bei Gemeinden mit mehr als 400.000 Einwohnern (§ 25 Abs. 2 GemO).

Ein besonderes Merkmal der baden-württembergischen Kommunalverfassung sind die Möglichkeiten des Kumulierens und Panaschierens. Der Wähler kann seine Stimmen Bewerbern verschiedener Wahlvorschläge geben (Panaschieren) und im Rahmen seiner Gesamtstimmenzahlen Bewerbern bis zu drei Stimmen geben (Kumulieren). Dies verleiht Gemeinderatswahlen den Charakter einer Persönlichkeitswahl. Mit der Möglichkeit des Panaschierens kann sich der Wahlberechtigte aus allen Wahlvorschlägen diejenigen Kandidaten heraussuchen, die er für besonders geeignet hält. Die Wähler haben im Grunde die Möglichkeit, aus den Kandidaten aller Wahlvorschläge ihre eigene »Wunschliste« zusammenzustellen. Das Wahlsystem kommt also den personellen Vorlieben und Wünschen der Wähler sehr entgegen.

Die Möglichkeit des Kumulierens führt dazu, dass die Wählervereinigungen und Parteien nur begrenzt »Personalplanung« betreiben können, weil die Wähler durch ihre Stimmabgabe die Reihenfolge des Wahlvorschlags verändern können. Zwar nimmt mit der Größe einer Gemeinde die Zahl der unverändert abgegebenen Wahlvorschläge zu, dennoch verändern rund 90 Prozent aller Wähler ihre Stimmzettel.

Beim Panaschieren übernehmen die Wähler Bewerber aus anderen Wahlvorschlägen auf die von ihnen favorisierte Liste. Oftmals nehmen Wähler hierbei auf parteipolitische Vorlieben keine Rücksicht, sondern entscheiden aufgrund ihrer persönlichen Einschätzung über die Eignung der Kandidaten. In der Regel wird der Wähler dabei so vorgehen, dass er denjenigen Wahlvorschlag als Grundlage nimmt, auf dem er die meisten Kandidaten wählen will.

Wird nur ein gültiger oder kein Wahlvorschlag eingereicht, findet eine Mehrheitswahl statt. Auch wenn ein gültiger Wahlvorschlag eingereicht ist, gibt es keine Bindung an diesen, sondern es können auch andere (wählbare) Bürger gewählt werden. Der Wähler kann jedem Bewerber beziehungsweise jeder anderen wählbaren Person nur eine Stimme geben. Das Recht zur Stimmenhäufung auf einen Bewerber (Kumulieren) entfällt bei der Mehrheitswahl. Die Bedeutung der Mehrheitswahl ist allerdings bei Gemeinderatswahlen äußerst gering.

Wer kann wählen – wer kann gewählt werden?

Die Gemeindeordnung unterscheidet zwischen Einwohnern und Bürgern der Gemeinde. Einwohner der Gemeinde ist, wer in der Gemeinde wohnt. Das Bürgerrecht – und damit das Wahlrecht – hat jeder Deutsche im Sinne von Artikel 116 Grundgesetz oder wer die Staatsangehörigkeit eines anderen Mitgliedstaates der *Europäischen Union* (EU) besitzt (Unionsbürgerschaft), seit mindestens drei Monaten in der Gemeinde oder Stadt wohnt und das 16. Lebensjahr vollendet hat. Seit der Gemeinderatswahl 2014 können auch Minderjährige die Gemeinderäte wählen. Es sollen also nur diejenigen wählen dürfen, die einen Bezug zur Gemeinde haben. Nicht wahlberechtigt sind Personen, denen aufgrund eines Gesetzes oder eines Richterspruchs das Wahlrecht aberkannt wurde.

Das Wahlrecht ist auf Staatsbürger (sowie EU-Bürger) begrenzt, d. h. Einwohner mit Migrationshintergrund aus Ländern, die nicht der EU angehören, haben kein kommunales Wahlrecht. Im internationalen Vergleich wirkt diese Begrenzung auf Staatsbürger eher einengend. Andere europäische Länder (z. B. die skandinavischen Länder und die Niederlande) ermöglichen es auch Nichtstaatsbürgern, an kommunalen Wahlen teilzunehmen. 1990 wollten Schleswig-Holstein und Hamburg das kommunale Wahlrecht auf Nichtdeutsche ausweiten. Dies scheiterte jedoch am Bundesverfassungsgericht.

Zur Wahlberechtigung gehören noch einige formelle Voraussetzungen: Der bzw. die Wahlberechtigte muss im Wählerverzeichnis eingetragen sein oder hat auf Antrag einen Wahlschein bekommen. Der Wahlschein berechtigt auch zur Briefwahl.

Wahlberechtigung und Wählbarkeit sind jedoch zwei Paar Stiefel. So fallen bei den 16- und 17-Jährigen die Wahlberechtigung und die Wählbarkeit auseinander. Wählbar in den Gemeinderat sind nur wahlberechtigte und volljährige Bürger.

Es gibt allerdings eine ganze Reihe von Gründen, dass gewählte Bewerber ihr Amt nicht antreten dürfen. So dürfen Beamte und Angestellte der Gemeinde kein Mandat, d. h. einen Sitz im Gemeinderat, übernehmen. Die Unvereinbarkeit von Amt und Gemeinderatsmandat ist auch bei Beamten und Angestellten eines Gemeindeverwaltungs- oder eines Zweckverbandes, in dem die Gemeinde Mitglied ist, gegeben. Gleiches gilt auch für Beamte und Angestellte der Rechtsaufsichtsbehörden, die die Rechtsaufsicht über Gemeinden und Städte ausüben. Für kleinere Kommunen ist das Landratsamt die Rechtsaufsichtsbehörde, für Stadtkreise und Große Kreisstädte das Regierungspräsidium. Das Regierungspräsidium ist gleichzeitig die obere Rechtsaufsichtsbehörde für alle Kommunen. Die oberste Rechtsaufsichtsbehörde schließlich ist das Innenministerium.

In Gemeinden unter 10.000 Einwohnern durften bis Oktober 2015 Personen, die miteinander verheiratet oder eine gleichgeschlechtliche Partnerschaft eingegangen sind, bis zum dritten Grad

3 »Spielregeln«: Wie funktioniert eine Gemeinde?

> **Merkblatt**
> für die Wahl des Gemeinderats in Auenwald
> am 26. Mai 2019
>
> **Wichtige Hinweise für die Stimmabgabe**
> Bitte vor der Stimmabgabe sorgfältig lesen!
>
> **Wie viele Stimmen haben Sie?**
> Zu wählen sind 18 Mitglieder des Gemeinderats.
> ▶ Sie haben somit 18 Stimmen.
>
> **Wem können Sie Ihre Stimmen geben?**
> Sie können
> - nur denjenigen Bewerbern/Bewerberinnen, die in einem der Stimmzettel aufgeführt sind, Stimmen geben,
> - Bewerbern/Bewerberinnen aus verschiedenen Stimmzetteln Stimmen geben.
>
> **Wie geben Sie Ihre Stimmen ab?**
> Sie können
> **entweder**
> - einen der **Stimmzettel ohne jede Art von Kennzeichnung (unverändert)** abgeben; dann erhält jeder/jede in diesem Stimmzettel aufgeführte Bewerber/Bewerberin eine Stimme, dasselbe gilt, wenn Sie **einen** der **Stimmzettel im Ganzen** kennzeichnen;
>
> | **Wichtig:**
> | Unterlassen Sie in diesen Fällen die Streichung einzelner Bewerber/Bewerberinnen, weil Ihr Stimmzettel dann nicht mehr als unverändert, sondern als verändert gilt. In einem veränderten Stimmzettel zählen nur die von Ihnen ausdrücklich für Bewerber/Bewerberinnen abgegebenen Stimmen als gültige Stimmen.
>
> **oder**
>
> ▶ auf einem oder mehreren Stimmzetteln die **Bewerber/Bewerberinnen ausdrücklich als gewählt kennzeichnen**, denen Sie Stimmen geben wollen.
>
> Diese Kennzeichnung erfolgt, indem Sie in das Kästchen hinter dem vorgedruckten Namen jeweils
> - ein Kreuz oder die Zahl 1 setzen, wenn Sie dem Bewerber/der Bewerberin **eine** Stimme geben wollen, oder
> - die Zahl 2 oder die Zahl 3 setzen, wenn Sie ihm/ihr **zwei** oder **drei** Stimmen geben wollen.
>
> Bewerber/Bewerberinnen, deren vorgedruckter Name von Ihnen nicht ausdrücklich gekennzeichnet ist, erhalten keine Stimme; es genügt deshalb nicht, etwa nur die Bewerber/Bewerberinnen zu streichen, die keine Stimme erhalten sollen.
>
> Sofern Sie nur einen **Stimmzettel benutzen** und dabei auch Bewerbern/Bewerberinnen **aus anderen Stimmzetteln** Stimmen geben wollen, so tragen Sie deren Namen in die freien Zeilen des Stimmzettels ein, den Sie für Ihre Stimmabgabe verwenden. Durch die Eintragung erhält der Bewerber/die Bewerberin eine Stimme; wollen Sie ihm/ihr **zwei** oder **drei** Stimmen geben, so setzen Sie in das Kästchen hinter dem eingetragenen Namen die Zahl 2 oder 3.
>
> | **Wichtig:**
> | Kein Bewerber/keine Bewerberin darf mehr als drei Stimmen erhalten.
>
> **Bitte beachten Sie:**
>
> Ihre Stimmabgabe ist ungültig
> ▶ wenn Sie auf den von Ihnen verwendeten Stimmzetteln insgesamt mehr als 18 gültige Stimmen abgeben,
> ▶ wenn Sie den/die verwendeten Stimmzettel ganz durchstreichen, durchreißen oder durchschneiden; ein Abtrennen der mittels Perforation verbundenen Stimmzettel ist zulässig.

Abb. 2: Kumulieren und Panaschieren ist kompliziert, aber gerecht. Die Hinweise für die Stimmabgabe bei baden-württembergischen Kommunalwahlen sind daher umfangreich.

miteinander verwandt oder bis zum zweiten Grad miteinander verschwägert sind, nicht zur gleichen Zeit im Gemeinderat sein. Personen, die mit dem Bürgermeister oder einem Beigeordneten (den hauptamtlichen Bürgermeisterstellvertretern) verwandt sind, konnten bis 2015 ebenfalls nicht dem Gemeinderat angehören. Durch diese Regelungen sollten Interessenkollisionen und »Cliquenwirtschaft« vermieden werden. In größeren Gemeinden (mit über 10.000 Einwohnern) und Städten spielen – so die Argumentation des Gesetzgebers vor der Änderung der Gemeindeordnung im Jahr 2015 – persönliche und verwandtschaftliche Beziehungen einzelner Gemeinderatsmitglieder bei zunehmender Größe des Rats immer weniger eine Rolle.

Wie kommen Wahlvorschläge zustande?

Wählbar sind nur wahlberechtigte und volljährige Bürger. Von den Wählervereinigungen und Parteien werden vor der Gemeinderatswahl Wahlvorschläge (Listen) vorgelegt. In Baden-Württemberg haben die Wählervereinigungen auf kommunaler Ebene ein großes Gewicht. In kleineren Gemeinden spielen parteipolitische Zugehörigkeiten kaum eine ausschlaggebende Rolle. Wählervereinigungen umfassen ein breites Spektrum kommunalpolitischer Gruppierungen, neben freien Wählervereinigungen u. a. auch Frauenlisten, grüne und linksorientierte Listen. Die Wählervereinigungen lagen bei den Gemeinderatswahlen 2019 eindeutig an erster Stelle der Wählergunst und erhielten 39,1 Prozent der abgegebenen Stimmen (2014: 37,9 %). Während die Parteien in kleineren Gemeinden eher unterdurchschnittliche Ergebnisse erzielen, nimmt ihre Bedeutung mit steigender Gemeindegröße zu.

Landesweit kam die CDU trotz erneuter Stimmenverluste auf einen Stimmenanteil von 22,9 Prozent (2014: 27,9 %). Die SPD kam auf nur 13,4 Prozent (2014: 16,4 %). Bündnis 90/Die Grünen gewannen mit einem Plus von 4,4 Prozentpunkten 12,9 Prozent. Der Stimmenanteil der FDP stieg leicht auf 3,9 Prozent (2014: 2,8 %). Die Partei Die Linke kam auf 1,4 Prozent (2014: 1,0 %). Die AfD kam auf 1,9 Prozent und konnte ihren Stimmenanteil im Vergleich zu 2014 (0,9 %) verdoppeln (Eisenreich/Glück 2020, S. 46).

In einen Wahlvorschlag dürfen nur solche Personen als Bewerber aufgenommen werden, die in einer Aufstellungsversammlung nach demokratischen Grundsätzen gewählt worden sind. Die Bewerber und ihre Reihenfolge auf dem Wahlvorschlag müssen in geheimer Wahl von der Mehrheit der Anwesenden bestimmt werden. Über die Versammlung ist eine Niederschrift anzufertigen, die vom Versammlungsleiter und mindestens zwei Teilnehmern unterschrieben werden muss. Wahlvorschläge von Parteien oder Wählervereinigungen, die bislang weder im Landtag noch im zu wählenden Gemeinderat vertreten sind, müssen von einer festgelegten Zahl von wahlberechtigten Personen unterschrieben sein. In Gemeinden mit bis zu 3000 Einwohnern genügen zehn Unterschriften. In Kommunen mit über 250.000 Einwohnern sind 250 Unterschriften notwendig.

Die vorgeschlagenen Bewerber müssen eine unterschriebene Einverständniserklärung einreichen, in der sie ihrer Aufnahme in den Wahlvorschlag zustimmen.

Die unechte Teilortswahl

Eine Besonderheit des baden-württembergischen Kommunalwahlsystems ist die unechte Teilortswahl (§ 27 GemO), die in den 1970er Jahren eine Hochphase hatte. Im Zuge der Gemeindegebietsreform in den 1970er Jahren verkleinerte sich die Zahl der Gemeinden in Baden-Württemberg von 3379 auf 1110 Kommunen. Die eingemeindeten Ortsteile befürchteten eine mangelnde Berücksichtigung ihrer Interessen in der nunmehr größeren Gesamtgemeinde. Nach dem Abschluss der Reform fand die unechte Teilortswahl im Wahljahr 1975 in 717 Gemeinden statt. Die Zahl der Gemeinden, die die unechte Teilortswahl favorisierten, verringerte sich jedoch im Laufe der Zeit. 2014 waren es 438 Gemeinden, 2019 nur noch 384.

Die unechte Teilortswahl garantiert Ortsteilen eine bestimmte Anzahl von Sitzen (und damit Personen ihres Ortsteils) im Gemeinderat der Gesamtgemeinde, um die Interessen der Bürger in den Ortsteilen zu berücksichtigen. Bei reiner Mehrheitswahl oder Verhältniswahl könnten viele eingemeindete Ortschaften keinen Vertreter in den Gemeinderat entsenden, weil die Zahl der Wahlberechtigten – im Vergleich zur Gesamtzahl der Wahlberechtigten in der Kommune – zu gering ist. Die Gemeindeordnung sieht für solche Fälle die Möglichkeit vor, die unechte Teilortswahl einzuführen: Dabei erhalten einzelne oder mehrere Teilorte (Wohnbezirke) entsprechend ihrer Einwohnerzahl vorab die Garantie einer festgelegten Zahl von Sitzen im Gemeinderat. Entsprechend sind die Listen nach Wohnbezirken getrennt aufgeführt, damit die Wähler wissen, welche Personen für ihren Wohnbezirk kandidieren. »Unecht« wird dieses Verfahren deshalb genannt, weil die Wähler ihre Stimmen nicht nur an die Kandidaten ihres Wohnbezirkes vergeben, sondern auf die Kandidaten aller Wohnbezirke verteilen können.

Stimmabgabe und Wahlhandlung

Die Wahlberechtigten müssen ihre Stimme im Wahllokal persönlich abgeben. Wichtigster Grundsatz für die Stimmabgabe ist, dass der Wille des Wählers eindeutig ersichtlich werden muss. Man nennt dies auch »positive Kennzeichnungspflicht«. Der Wähler kann seinen eindeutigen Willen zum Beispiel dadurch zum Ausdruck bringen, dass er einen Namen auf dem Wahlzettel mit einem Kreuz versieht oder durch die Ziffern »2« oder »3« hinter dem Namen deutlich macht, dass er seine Stimmen auf diesen Bewerber kumulieren will. Das Kumulieren von Stimmen ist auch dadurch möglich, dass man den Namen eines Bewerbers auf den freien Zeilen des Wahlvorschlags wiederholt.

Gibt ein Wähler einen Stimmzettel als »im Ganzen gekennzeichnet« oder einen nicht gekennzeichneten Stimmzettel ab, so bekommt jeder auf dem Stimmzettel genannte Bewerber eine Stimme.

Stimmzettel, auf denen zu viele Stimmen vergeben wurden, sind laut Kommunalwahlgesetzt ungültig. Die Zahl ungültiger Stimmzettel betrug im Jahr 2019 3,2 Prozent. In absoluten Zahlen entspricht dies

162.248 Stimmzetteln. Die meisten Stimmzettel wurden deshalb ungültig, weil sie mehr gültige Stimmen enthielten, als dem Wähler zustanden.

So werden die Sitze verteilt

Bei der Sitzverteilung wird bei den Kommunalwahlen in Baden-Württemberg seit 2014 das Berechnungsverfahren nach Sainte-Laguë/Schepers angewendet.

Im ersten Schritt findet zunächst eine »Oberverteilung« der Sitze auf die einzelnen Wahlvorschläge statt. Dabei erhalten die jeweiligen Wahlvorschläge so viele Gemeinderatssitze, wie ihnen im Verhältnis zu den anderen Wahlvorschlägen zustehen. Um dieses Verhältnis ermitteln zu können, werden die Stimmenzahlen aller Bewerber des jeweiligen Wahlvorschlages zu einer Gesamtstimmenzahl (dieses Wahlvorschlages) addiert. Die Gesamtstimmenzahlen aller Wahlvorschläge werden dann nacheinander durch 1, 3, 5, 7, 9, 11 usw. geteilt. Jeder Wahlvorschlag erhält so viel Sitze, wie Höchstzahlen auf ihn entfallen. Bei gleichen Höchstzahlen entscheidet das Los.

Ein von Jürgen Fleckenstein entworfenes Beispiel soll die »Oberverteilung« verdeutlichen (Fleckenstein 2019, S. 173 f.): In einer Gemeinde sind zwölf Gemeinderatssitze zu vergeben. Zugelassen sind die drei Wahlvorschläge A, B und C. Deren Gesamtstimmenzahlen beträgt: Wahlvorschlag A 6000 Stimmen, Wahlvorschlag B 4000 Stimmen und Wahlvorschlag C 3000 Stimmen.

Wahlvorschlag	A	B	C
:1	6000 (1)	4000 (2)	3000 (3)
:3	2000 (4)	1333 (5)	1000 (7)
:5	1200 (6)	800 (9)	600 (11)
:7	857 (8)	571 (12)	429

Wahlvorschlag	A	B	C
:9	667 (10)	444	333
:11	545	364	273
	5 Sitze	4 Sitze	3 Sitze

Die Zahlen in Klammern zeigen die Höchstzahlen an. Man sieht, dass dieses Verfahren für Wahlvorschläge mit geringeren Gesamtstimmenzahlen vorteilhaft sein kann. Obwohl Wahlvorschlag C nur die Hälfte der Stimmen von Wahlvorschlag A erhalten hat, darf er drei Vertreter in den Gemeinderat entsenden. Wahlvorschlag A aber nicht sechs, sondern lediglich fünf. Auch B ist mit vier Vertretern gegenüber A »überrepräsentiert«.

In einem zweiten Schritt erfolgt die »Unterverteilung«, d. h. die Verteilung der Gemeinderatssitze auf die Bewerber des jeweiligen Wahlvorschlags. Ausschlaggebend ist die von den einzelnen Kandidaten erzielte Stimmenzahl. Im Beispiel würden also für Wahlvorschlag A die fünf Bewerber aus Wahlvorschlag A mit den höchsten Stimmenzahlen einziehen. Bei gleichen Stimmenzahlen entscheidet der Listenplatz, d. h. auf dem Wahlvorschlag weiter oben stehende Personen erhalten den Sitz.

Diejenigen, die keinen Sitz erreicht haben, fungieren nach der Reihenfolge ihrer Stimmenzahl als Ersatzpersonen. Ersatzpersonen kommen dann zum Zug, wenn gewählte Bewerber wegen Hinderungsgründen (z. B. weil sie Beamte oder Arbeitnehmer der Kommune sind) ihr Amt nicht antreten dürfen oder im Laufe ihrer Amtszeit aus dem Gemeinderat ausscheiden.

Im Jahr 2021 wurden Stimmen laut, das Berechnungsverfahren nach Sainte-Laguë/Schepers zu überprüfen. Grund ist die anwachsende Unübersichtlichkeit der Gemeinderäte. Der baden-württembergische *Städtetag* hat die Ergebnisse der Kommunalwahl 2019 in den zwölf größten Städten Baden-Württembergs unter die Lupe genommen. Durch die Bevorzugung von Wahlvorschlägen mit geringeren

Gesamtstimmenzahlen durch das aktuelle Berechnungsverfahren sitzen im 48-köpfigen Freiburger Gemeinderat 16 verschiedene Gruppierungen. 2014 waren es 13. Ulm bringt es mit 40 Mitgliedern immerhin auf 13 Gruppierungen. Bevor eine Weiterentwicklung des Sitzzuteilungsverfahrens konkrete Formen annehmen kann, muss jedoch die verfassungsrechtliche Einschätzung abgewartet werden (*Stuttgarter Zeitung*, 13.8.2021).

Weitaus einfacher ist die Sitzverteilung bei der Mehrheitswahl. Gewählt sind die Bewerber mit den höchsten Stimmenzahlen (in der Reihenfolge der Stimmenzahlen). Bei Stimmengleichheit entscheidet wiederum das Los.

Wahlbeteiligung

Obwohl die kommunale Ebene ein unmittelbares und konkretes Politikfeld für die Bürger darstellt, hat die Wahlbeteiligung im Laufe der Jahre abgenommen hat. 2014 erreichte die Wahlbeteiligung mit 49,1 Prozent einen Negativrekord.

Die stetig abnehmende Wahlbeteiligung hat mehrere Gründe. Zum einen sind hier die nachlassende Bindungskraft der Parteien sowie die im Laufe der Jahre gestiegene Politik- und Parteienverdrossenheit zu nennen. Im Zeitvergleich ist die Wahlbeteiligung generell gesunken. Die Bürger fühlen sich immer weniger verpflichtet, von ihrem Wahlrecht Gebrauch zu machen. Kommunalwahlen haben im politischen System der Bundesrepublik Deutschland den Rang von »Nebenwahlen«. Bei Landtags-, Kommunal- und Europawahlen ist die Wahlbeteiligung – im Vergleich mit Bundestagswahlen – geringer. Bundestagswahlen werden im Vergleich zu Kommunalwahlen wichtiger bewertet. Bei der Bundestagswahl 2021 betrug die Wahlbeteiligung 76,6 Prozent. Bei der Europawahl 2019 61,4 und bei der Landtagswahl 2021 in Baden-Württemberg 63,8 Prozent.

Auch die Zusammenlegung der Kommunal- mit den Europawahlen im Jahr 1994 konnte die Wähler nur kurzfristig mobilisieren.

Kommunalwahlen II: Gemeinderatswahlen

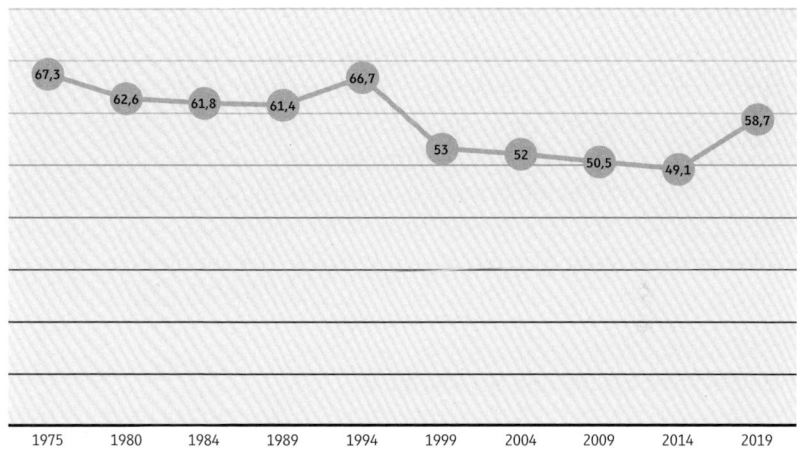

Abb. 3: Wahlbeteiligung bei den Gemeinderatswahlen seit 1975 (Quelle: Statistisches Landesamt Baden-Württemberg)

Die Zusammenlegung führte in den Folgejahren zu keiner höheren Wahlbeteiligung.

Für Kommunalwahlen gilt zudem die Faustregel: Je größer die Kommune, desto geringer das Interesse an den Gemeinderatswahlen. In kleineren Gemeinden haben die Bürger einen weitaus engeren Bezug zur lokalen Politik. Menschen, die eher ortsgebunden sind und schon länger in der Gemeinde wohnen, haben im Allgemeinen eine hohe Wahlbereitschaft. Bei Pendlern hingegen, die nur in der Gemeinde wohnen und ihren Arbeitsplatz in einer nahe gelegenen Stadt haben, ist die Wahlbeteiligung eher gering.

Bei den Kommunalwahlen 2019 war Emeringen (Alb-Donau-Kreis) die Gemeinde mit der höchsten Wahlbeteiligung. Hier machten 88,2 Prozent der Wahlberechtigten von ihrem Wahlrecht Gebrauch. In Singen am Hohentwiel war die Beteiligungsquote dagegen mit 43,1 Prozent am geringsten. Emeringen hat 132, die Stadt Singen hingegen etwas mehr als 45.000 Einwohner (Stand 2021).

Ortschaftsräte, Bezirksbeiräte

Die Gemeindeordnung von Baden-Württemberg sieht zwei weitere Möglichkeiten für die Verfassung einer Kommune vor: die Ortschaftsverfassung und die Bezirksverfassung. Mit der Einrichtung von Ortschaften und Bezirken wird die Mitwirkung der Bürger vor Ort gewährleistet. Mit der Einrichtung von entsprechenden Organen (Ortschaftsrat und Bezirksbeirat) werden die Interessen der in Ortschaften und Bezirken lebenden Menschen berücksichtigt.

Ortschaftsverfassung und Ortschaftsrat

Die Ortschaftsverfassung ist für ehemals selbstständige Gemeindeteile gedacht. Durch sie soll Ortschaften ein Mitwirkungsrecht bei Entscheidungen des Gemeinderates der Gesamtgemeinde eingeräumt werden. Die Ortschaftsräte, die nach den gleichen Grundsätzen wie die Gemeinderäte direkt von den wahlberechtigten Bürgern der Ortschaft gewählt werden, haben in bestimmten, durch die Hauptsatzung festgelegten Bereichen eigene Entscheidungskompetenzen. In allen sie betreffenden Angelegenheiten haben sie darüber hinaus ein Anhörungsrecht gegenüber der Verwaltung und dem Gemeinderat der Gesamtgemeinde. Die Ortschaften haben eine eigene kleine Verwaltung, an deren Spitze ein ehrenamtlicher Ortsvorsteher steht. Der Ortsvorsteher kann an den Verhandlungen des Gemeinderates und seiner Ausschüsse mit beratender Stimme teilnehmen.

Bezirksverfassung und Bezirksbeirat

Die Bezirksverfassung kann in Städten mit mehr als 100.000 Einwohnern und räumlich getrennten Ortsteilen eingeführt werden. Seit 1993 gibt es die Möglichkeit, dass die Bezirksbeiräte direkt von den Bürgern gewählt werden können (§ 65 Abs. 4 GemO). In aller Regel werden die Bezirksbeiräte jedoch vom Gemeinderat bestellt. Von der eingeräumten Möglichkeit der Direktwahl wurde bislang noch nicht Gebrauch gemacht. Wird die Bezirksverfassung durch die Hauptsatzung eingeführt, so muss ebenfalls durch Hauptsatzung beschlossen werden, welche der beiden Formen zur Bestellung der Bezirksbeiräte gewählt wird.

Mitwirken, Beteiligen und Entscheiden: Einwohnerantrag, Bürgerbegehren und Bürgerentscheid

Die Bürger haben auf der kommunalen Ebene mehrere Möglichkeiten, auf den politischen Entscheidungsprozess einzuwirken.

Einwohnerantrag (früher: Bürgerantrag)

Das einfachste Instrument bürgerschaftlicher Mitwirkung ist der Bürgerantrag. Nach einer vom Landtag im Herbst 2015 beschlossenen Änderung der Gemeindeordnung heißt der »Bürgerantrag« seit dem 15. Januar 2016 »Einwohnerantrag«. Mit einem Einwohnerantrag können Bürger den Gemeinderat – und damit auch den Bürgermeister – verpflichten, sich mit einer Angelegenheit der Gemeinde zu befassen. Darunter fallen z. B. der Erhalt des städtischen Hallenbades oder die Errichtung eines neuen Kindergartens. Auf die Entscheidung im Gemeinderat selbst haben die Bürger keinen Einfluss. Der schriftlich formulierte und mit einer Begründung versehene Einwohnerantrag muss in Gemeinden mit bis zu 10.000 Einwohnern von mindestens drei Prozent aller Einwohner (höchstens aber 200 Personen) unterschrieben werden. In größeren Gemeinden mit mehr als 10.000 Einwohnern müssen mindestens 1,5 Prozent der Einwohner (aber mindestens 200 und höchstens 2500 Personen) den Einwohnerantrag unterstützen. Über die Zulässigkeit des Einwohnerantrags entscheidet der Gemeinderat. Ist der Antrag zulässig, muss der

Gemeinderat oder der jeweils zuständige beschließende Ausschuss die Angelegenheit innerhalb von drei Monaten behandeln.

Stärkere Mitwirkungsinstrumente sind das Bürgerbegehren und der Bürgerentscheid. Sie sind das Kernstück direkter Demokratie auf kommunaler Ebene. Mit einem Bürgerentscheid können die Einwohner einer Gemeinde erreichen, dass sie in kommunalen Angelegenheiten selbst entscheiden dürfen.

Bürgerbegehren und Bürgerentscheid

Mit einem Bürgerbegehren können die Einwohner einer Gemeinde einen Bürgerentscheid beantragen. Damit ein Bürgerentscheid zustande kommt, muss das Bürgerbegehren seit Ende 2015 Unterschriften von sieben (davor zehn) Prozent aller Wahlberechtigten einer Kommune unterzeichnet sein. Über die Zulässigkeit eines Bürgerbegehrens entscheidet der Gemeinderat. Die Frage, die sich auf dem Stimmzettel des Bürgerentscheids befindet, muss von den Bürgern der Gemeinde mit »Ja« oder »Nein« beantwortet werden. Ein Bürgerentscheid ist dann erfolgreich, wenn sich die Mehrheit der Abstimmenden und zugleich mindestens 20 (früher 25) Prozent der Stimmberechtigten dafür aussprechen. Die gestellte Frage ist also in dem Sinne entschieden, in dem sie von der Mehrheit und zugleich von mindestens 20 Prozent der stimmberechtigten Bürger einer Gemeinde beantwortet wurde.

Ratsbegehren

Wird ein Bürgerentscheid vom Gemeinderat in die Wege geleitet, spricht man von einem Ratsbegehren. Bei Bürgerentscheiden geht es z. B. um die Einrichtung und den Erhalt von Schulen, um die Wasserversorgung, um die Schließung öffentlicher Einrichtungen, um Straßenplanungen und um viele andere kommunale Themen. Ein Negativkatalog schreibt fest, über welche kommunalen Fragen kein

Bürgerbegehren und Bürgerentscheid stattfinden darf. Bauleitpläne oder Bauvorschriften, die innere Organisation der Gemeindeverwaltung oder Kommunalabgaben, Tarife und Entgelte können nicht Gegenstand eines Bürgerentscheids sein.

Die Bürger einer Gemeinde können sich auch bei Bürgerversammlungen – die seit dem 15. Januar 2016 Einwohnerversammlungen heißen – in die kommunale Politik einbringen. Solche Versammlungen sind stets dann angezeigt, wenn wichtige Angelegenheiten der Gemeinde mit der Einwohnerschaft diskutiert werden sollen.

Beteiligung von Kindern und Jugendlichen

Die politische Beteiligung von Kindern und Jugendlichen ist vielen Akteuren aus Politik, Schule und Jugendarbeit ein wichtiges Anliegen. Doch wie ist es um die politische Beteiligung junger Menschen in Baden-Württembergs Kommunen tatsächlich bestellt?

Jugendgemeinderäte

In Baden-Württemberg haben sogenannte Jugendgemeinderäte seit den 1980er Jahren Tradition. Der erste – und bis heute bestehende – Jugendgemeinderat wurde 1985 in der oberschwäbischen Stadt Weingarten gegründet. Entsprechende Vorbilder gab es bereits in Frankreich und Belgien. 1987 folgten weitere Gründungen in Filderstadt und Tuttlingen. 1993 gründeten die ersten acht Jugendgemeinderäte einen Dachverband, der weitere Gründungen von Jugendgemeinderäten anstieß. 2007 wurden 90 Jugendgemeinderäte gezählt, 2010 exakt 80. 2016 ermittelte die *Landeszentrale für politische Bildung Baden-Württemberg*, dass 73 von 1101 Kommunen einen Jugendgemeinderat haben. Gemessen an der Zahl der Kommunen in Baden-Württemberg sind das knappe sieben Prozent (Barth 2016, S. 319).

3 »Spielregeln«: Wie funktioniert eine Gemeinde?

Jugendgemeinderäte beschäftigen sich zumeist mit »jugendnahen« Themen. Freizeitangebote, Sportanlagen, Jugendhäuser oder Jugendtreffs, Festivals oder anstehende Jugendgemeinderatswahlen sind von besonderem Interesse. Für die Jugendgemeinderatswahlen haben sich verschiedene Verfahren bewährt: Manche Gemeinden führen Wahlen ausschließlich an Schulen durch. Andere Kommunen hingegen lassen die Jugendlichen online wählen oder richten Wahllokale ein. Die Anzahl der zu wählenden Mitglieder hängt von der Einwohnerzahl der Kommune ab. Unabhängig von ihrer Nationalität haben Jugendliche das aktive und passive Wahlrecht. Die Altersspanne liegt zwischen zwölf und 21 Jahren.

Jugendgemeinderäte geben Jugendlichen nicht nur eine Stimme in kommunalen Fragen, sondern dienen auch der Rekrutierung von Jugendlichen für (spätere) politische Ämter. So mancher Bürgermeister, Gemeinderat oder auch Landtagsabgeordneter hat seine politische Karriere als Jugendgemeinderat begonnen.

1998 schrieb der Landtag von Baden-Württemberg die Beteiligung von Jugendlichen als Kann-Vorschrift in der Gemeindeordnung fest. Der entsprechende Paragraf (41 a) besagte in seiner alten Fassung, dass die Gemeinde Jugendliche bei Planungen und Vorhaben, die jugendliche Interessen berühren, in angemessener Weise beteiligen kann. Jugendlichen hatten im Rahmen von Gemeinderatssitzungen ein Vorschlagsrecht und ein Anhörungsrecht. Ende 2015 wurde der Paragraf geändert und verbindlicher. Er lautet nun laut Gemeindeordnung: »Die Gemeinde soll Kinder und muss Jugendliche bei Planungen und Vorhaben, die ihre Interessen berühren, in angemessener Weise beteiligen.« Neu ist, dass Jugendliche die Einrichtung einer Jugendvertretung beantragen können. Zudem muss die Kommune der Jugendvertretung angemessene finanzielle Mittel zur Verfügung stellen.

Jugendbeteiligung

Außer Jugendgemeinderäten, die demokratisch gewählt und auf Dauer angelegt sind, gibt es auch offene bzw. weniger formale Spielarten der Jugendbeteiligung. Manche Kommunen führen Jugendforen oder Jugendhearings durch, bei denen sich alle Jugendlichen einer Gemeinde beteiligen können. Jugendforen finden in aller Regel einmal im Jahr statt. Teilnehmen können alle interessierten Jugendlichen, die in solchen Foren ihre Interessen vorbringen. Auch Jugendhearings stehen allen Jugendlichen offen. Zweck solcher Hearings ist es, dass Jugendliche mit Gemeindevertretern ihre Interessen, Wünsche und auch Kritikpunkte austauschen. Andere Städte und Gemeinden wiederum gehen anlassbezogen vor: Stehen Themen an, die Kinder und Jugendliche betreffen, kann in Workshops ein konkretes Vorhaben diskutiert und gemeinsam geplant werden.

Alle diese Beteiligungsformen haben eines gemeinsam: Kinder- und Jugendbeteiligung in einer Gemeinde erfordert die Unterstützung durch Bürgermeister und Gemeinderat sowie die Betreuung durch die Kommunalverwaltung.

Trotz der Vielfalt an Beteiligungsformen erreichen diese, von Kommunalwahlen abgesehen, immer noch nur eine Minderheit der Kinder und Jugendlichen (Scherr u. a. 2016, S. 325):

- Die Wahlbeteiligung bei den Jugendgemeinderäten liegt zwischen sieben und 95 Prozent.
- Nach Aussagen von Kommunen gelingt es im Rahmen von Jugendforen und Jugendhearings auch, benachteiligte Zielgruppen anzusprechen.
- An einer repräsentativen Studie zur kommunalpolitischen Jugendbeteiligung aus dem Jahr 2018 beteiligten sich 1068 baden-württembergische Kommunen (97 %). 566 Kommunen (53 %) gaben an, dass verschiedene Formen kommunaler Jugendbeteiligung praktiziert werden. In 105 Gemeinden und Städten (20,5 %) gibt es repräsentativ-parlamentarische Formen der Jugendbeteiligung (z. B. Jugendgemeinderat, Jugendparlament, Jugendbeirat). Offene

und projektorientierte Formate (z. B. Jugendforum, Jugendhearing, Jugendkonferenz) werden mit 79,5 Prozent weitaus häufiger genannt. Formen der Kinderbeteiligung hingegen existieren in lediglich 247 Kommunen (23 %). Genannt wurden u. a. Sozialraumerkundungen (»Stadtteildetektive«) und projektbezogene Partizipationsformen (z. B. beim Bau von Spielplätzen). Diese »Leerstelle« lässt den Schluss zu, dass Kindern kein politisches Interesse zugetraut wird und in Gemeinden und Städten mangelnde Kenntnisse geeigneter Methoden einer kindergerechten Beteiligung vorliegen.

Abb. 4: In einem Workshop wurden in Gundelfingen Themen und Anregungen der Jugendlichen gesammelt und dem Bürgermeister vorgestellt.

4

Aufgaben einer Gemeinde

Tagtäglich beanspruchen wir Leistungen, die uns von der Kommune oder dem Landkreis zur Verfügung gestellt werden. Beim morgendlichen Aufenthalt im Bad benutzen wir Strom sowie die Wasser- und Abwasserversorgung. Eine funktionierende Müllbeseitigung, eine gute Verkehrsinfrastruktur und nicht zuletzt Kultur- und Freizeitangebote tragen zum Wohlbefinden der Bürger bei. Doch wer entscheidet über diese Selbstverständlichkeiten? Wer finanziert sie? Welche Aufgaben haben Kommunen eigentlich? Welche Dienstleistungen erbringen sie? Warum sind die Leistungen der Städte und Gemeinden unterschiedlich – an einem Ort besser, an einem anderen schlechter?

4 Aufgaben einer Gemeinde

Pflichtaufgaben, Weisungsaufgaben, freiwillige Aufgaben

Der Gemeinderat hat u. a. ein Etatrecht. Er beschließt den Haushaltsplan der Gemeinde und berät über die Verwendung der Haushaltsmittel. Der Haushaltsplan ist die Grundlage für die Finanzierung der vielfältigen kommunalen Aufgaben. Er ist nach den Grundsätzen der Sparsamkeit und Wirtschaftlichkeit zu erstellen. Zumeist in den letzten Wochen eines jeden Jahres legen Bürgermeister und Kämmerer dem Gemeinderat den Haushaltsplan für das Folgejahr vor. In einer der folgenden Gemeinderatssitzungen nehmen die im Rat vertretenen Wählervereinigungen und Fraktionen Stellung zum Haushaltsplan. Die Haushaltsreden und Stellungnahmen der Gemeinderäte vermitteln einen ersten Eindruck von der Art und Vielfalt kommunaler Aufgaben.

Die Aufgaben einer Gemeinde lassen sich nach drei Gruppen unterscheiden: Pflichtaufgaben, Weisungsaufgaben und freiwillige Aufgaben. Ein Großteil der Haushaltsmittel fließt in die Pflichtaufgaben einer Gemeinde. Man unterscheidet hierbei nach Pflichtaufgaben ohne Weisung und solchen nach Weisung (Weisungsaufgaben). Die Weisungsaufgaben, an deren Erfüllung Bund und Land ein besonderes Interesse haben, sind gesetzlich vorgeschrieben.

Pflichtaufgaben

Pflichtaufgaben ohne Weisung sind z. B. die Abwasserbeseitigung, die Aufstellung und Unterhaltung einer Feuerwehr, die Einrichtung und Unterhaltung von allgemeinbildenden Schulen und von Kindergärten, die Bauleitplanung, die Straßenbeleuchtung sowie die Reinigung der Straßen und der Winterdienst. Diese Pflichtaufgaben müssen erfüllt werden, über das »Wie« jedoch entscheidet der Gemeinderat.

Und über das »Wie« kann ein Gemeinderat durchaus verschiedener Meinung sein. Die Haushaltsreden sind Ausdruck der unterschiedlichen politischen Schwerpunktsetzungen, die in einem Gemeinderat vorherrschen. So ist es denkbar, dass ein Teil des Gemeinderats den Umbau und die Erweiterung einer Gemeinschaftsschule samt einer Mensa fordert, um die Attraktivität der Gemeinde als Schulstandort zu erhöhen. Andere Gemeinderäte hingegen mahnen in ihrer Haushaltsrede an, dass die Investitionen in eine Gemeinschaftsschule kein Fass ohne Boden werden darf. Stattdessen wird für Investitionen in die schon bestehende Infrastruktur – in Sportplätze, Gemeindestraßen, Kläranlage, Friedhof, Rathaus und gemeindeeigene Gebäude – plädiert. Der Unterhalt der Schulen hat sich in den letzten Jahren zu einem »Dauerbrenner« entwickelt. Als Schulträger müssen die Kommunen für die räumlichen und sachlichen Kosten der am Ort ansässigen Schulen aufkommen. (Das Personal hingegen wird vom Land bezahlt.) Zahlreiche Schulen in Baden-Württemberg sind marode und sanierungsbedürftig. Weil viele Schulgebäude in den 1970er und 1980er Jahren gebaut wurden, sind inzwischen energetische Sanierungen (z.B. Dämmungen) und Modernisierungen dringend notwendig geworden. Nicht nur kleinere Kommunen fühlen sich dadurch überfordert, Großstädte klagen ebenso. Der Städtetag von Baden-Württemberg ging im September 2016 von Modernisierungsrückständen von bis zu vier Milliarden Euro aus (*Stuttgarter Nachrichten*, 30.9.2016).

Baden-Württembergs Landesregierung hat inzwischen die Sanierung von Schulgebäuden als Regelförderung in den Haushalt aufgenommen. Gefördert wurden im Haushaltsjahr 2020 127 Sanierungsmaßnahmen mit 100 Millionen Euro. Zuvor hatte das Land für die Jahre 2017 bis 2019 in einem Sanierungsfonds für Schulen 549 Maßnahmen mit insgesamt 476 Millionen Euro gefördert.

Bei den Pflichtaufgaben nach Weisung (Weisungsaufgaben) ist durch gesetzliche Regelungen exakt vorgeschrieben, wie die Aufgaben zu erledigen sind. Bei der Durchführung der Weisungsaufgaben haben Städte und Gemeinden aufgrund der Vorschriften keinen Ermessensspielraum. Zu den wichtigsten Weisungsaufgaben zählen

4 Aufgaben einer Gemeinde

die Aufgaben der Ortspolizei, Melde-, Pass- und Ausweisangelegenheiten (Meldewesen) sowie Aufgaben im Gewerbe- und Gaststättenrecht. Ebenso sind alle standesamtlichen Angelegenheiten Weisungsaufgaben. Größeren Kommunen können Aufgaben der unteren Baurechtsbehörde (z. B. die Bearbeitung von Bauanträgen) übertragen werden. Bei der Wahrnehmung der Weisungsaufgaben unterliegen die Kommunen der Rechtsaufsicht durch Landratsämter, Regierungspräsidien und Ministerien.

Freiwillige Ausgaben

Die freiwilligen Aufgaben liegen ganz in der Eigenverantwortung der Kommunen. Freiwillige Aufgaben sind insbesondere die öffentlichen Einrichtungen für Sport, Kunst und Kultur, Zuschüsse für Vereine und auch die Wirtschaftsförderung. Die Erfüllung der freiwilligen Aufgaben gehört zum Entscheidungsbereich des Gemeinderats, der z. B. über den Bau eines Hallen- oder Schwimmbades, die Einrichtung eines Museums oder die Sanierung des Ortskerns entscheidet. Die Kommunen können selbst entscheiden, ob und in welchem Umfang Freizeit-, Versorgungs- und Verkehrseinrichtungen geschaffen, sportliche und kulturelle Aktivitäten gefördert werden oder ob der Wirtschaftsförderung der Vorrang eingeräumt wird.

Tab. 2: Aufgaben einer Gemeinde

Aufgabe	Entscheidungsspielraum	Aufsicht	Beispiel
Pflichtaufgaben (ohne Weisung)	Kommunen können nicht entscheiden, ob sie diese Aufgaben erfüllen, sondern nur wie dies geschehen soll.	Entscheidung über das »Wie« erfolgt im Gemeinderat; staatliche Rechtsaufsicht	Schulen, Friedhöfe, Abwasserbeseitigung, Betreuungseinrichtungen für Kinder, Bauleitpläne usw.

Pflichtaufgaben, Weisungsaufgaben, freiwillige Aufgaben

Tab. 2: Aufgaben einer Gemeinde – Fortsetzung

Aufgabe	Entscheidungsspielraum	Aufsicht	Beispiel
Weisungsaufgaben (Pflichtaufgaben nach Weisung)	Das »Ob« und das »Wie« der Aufgaben sind von Bund und Land vorgeschrieben.	Staatliche Rechts- und Fachaufsicht	Standesamt, Baurecht, Meldewesen, Natur- und Umweltschutzrecht, Gewerberecht usw.
Freiwillige Aufgaben	Kommunen bestimmen, ob und wie diese Aufgaben erfüllt werden.	Entscheidung über das »Ob« und das »Wie« erfolgt im Gemeinderat	Wirtschaftsförderung, Freizeit-, Versorgungs-, Verkehrseinrichtungen, kulturelle und sportliche Aktivitäten usw.

Quelle: Eigene Darstellung

Durch gesetzliche Regelungen und Richtlinien, Verwaltungsvorschriften, Vorgaben der Raumordnungs- und Entwicklungsplanung sowie durch Investitionsprogramme des Bundes und der Länder bewegt sich der Entscheidungsspielraum der Kommunen oft in engen Bahnen. Und auch die Rechtsetzung der *Europäischen Union* (EU) hat die Städte und Gemeinden längst erreicht und wirkt sich auf deren Entscheidungen und Aufgaben aus. Der altbekannte Satz »Bundesrecht bricht Landesrecht« gilt nach wie vor. Allerdings wurde der Satz seit den 1990er Jahren erweitert: Die europäische Rechtsetzung »bricht« alle nachgeordneten Rechte.

EU-Recht

Und so manche Verordnung der EU hat es in sich: Die Umsetzung der 1999 verabschiedeten Feinstaubrichtlinie zog auf kommunaler Ebene Luftreinhalte- und Aktionspläne sowie die Einrichtung von Umweltzonen nach sich. Die Feinstaubrichtlinie legt Grenzwerte und einen Jahresmittelwert für Luftschadstoffe (z. B. Stickoxid, Schwefeldioxid, Blei) fest. Die Landeshauptstadt Stuttgart hat mit der Umsetzung dieser Richtlinie seit geraumer Zeit erhebliche Probleme. Das hohe Verkehrsaufkommen führt bei einer bestimmten Wetterlage regelmäßig dazu, dass die Grenzwerte für Luftschadstoffe deutlich überschritten werden. Die Überschreitung eines bestimmten Tageswerts für Feinstaub ist an 35 Tagen im Jahr erlaubt. Dieser Tageswert wird in Stuttgart jedes Jahr an mehr als 35 Tagen überschritten. Die Stadt ruft daher zwischen Oktober und April regelmäßig den sogenannten Feinstaubalarm aus und appelliert an Einwohner und Pendler, das Auto möglichst nicht zu benutzen. Ebenso wird geraten, auf den Betrieb von sogenannten Komfortkaminen, die nicht der Grundversorgung mit Wärme dienen und mit Holz beheizt werden, zu verzichten. Sollte die Stadt Stuttgart dieses Problem nicht in den Griff bekommen, drohen ein EU-Vertragsverletzungsverfahren und Strafzahlungen. Die für 2018 angekündigten Fahrverbote wurden kontrovers diskutiert. 2018 durften bei Feinstaubalarm in Stuttgart nur noch Dieselfahrzeuge fahren, wenn sie die Abgasnorm Euro 6 erfüllen bzw. wenn sie eine Ausnahmegenehmigung erhielten. In der Debatte machte die *Industrie- und Handwerkkammer* (IHK) der Region Stuttgart Druck auf die Stadt Stuttgart und forderte für den gesamten Wirtschaftsverkehr, der 25 bis 30 Prozent des Verkehrsaufkommens ausmacht, eine generelle Ausnahmegenehmigung. Sollte die Euro-Norm 6 verhängt werden, sind davon laut IHK 67 Prozent der gewerblich genutzten Pkw und 96 Prozent der Nutzfahrzeuge betroffen (*Stuttgart Zeitung*, 31.3.2017).

Die Bilanz zum Feinstaubalarm von Oktober 2018 bis April 2019 zeigt, dass die Stadt Stuttgart in diesem Zeitraum insgesamt neunmal Feinstaubalarm ausgerufen hatte, der insgesamt 64 Tage andauerte.

Die Feinstaubbelastung konnte in Stuttgart erheblich reduziert werden. Jedoch wird der EU-Grenzwert für Feinstaub in Stuttgart noch nicht flächendeckend eingehalten, weshalb auch von Oktober 2019 bis April 2020 bei besonders schadstoffträchtigen Wetterlagen

Feinstaubalarm ausgerufen wurde. Der Rückgang der Luftschadstoffe im Jahr 2020 ist in Teilen auch auf den rückläufigen Verkehr im Zuge der Corona-Pandemie zurückzuführen. Die Möglichkeit, Homeoffice in Anspruch zu nehmen, brachte ein niedrigeres Verkehrsaufkommen mit sich.

Abb. 5: Durch die Einführung des Feinstaubalarms versucht die Stadt Stuttgart Fahrverbote für ältere Dieselfahrzeuge zu vermeiden.

Im politischen Alltagsgeschäft der Städte und Gemeinden spielen weitere EU-Rechtsvorschriften eine Rolle. So greift beispielsweise die 1992 von der EU verabschiedete Fauna-Flora-Habitat-Richtlinie, die wildlebende Arten und deren Lebensräume schützen soll, in die Planungshoheit der Kommunen als Träger der Bauleitplanung ein. Für besonders geschützte Tier- und Pflanzenarten gelten strenge Schutzbestimmungen. Bauliche Maßnahmen, die Gebiete mit solchen geschützten Arten betreffen, müssen daher unter dem Gesichtspunkt des Artenschutzes geprüft werden. Zu solchen baulichen Maßnahmen gehören z. B. der Bau von Straßen, Freileitungen, Gasleitungen, Windkraftanlagen, Solarparks, Industrieanlagen und Deponien. Ebenso muss die kommunale Bauleitplanung

Fragen des Artenschutzes berücksichtigen und strenge Auflagen beachten.

Auch auf internationaler Ebene getroffene Entscheidungen können sich auf die Bundesrepublik Deutschland, auf die Länder sowie Städte und Gemeinden auswirken. Ein Beispiel aus der Bildungspolitik soll dies verdeutlichen: Das 2006 von den *Vereinten Nationen* verabschiedete Übereinkommen über die Rechte der Menschen mit Behinderungen (UN-Menschenrechtskonvention) ist seit 2009 auch in Deutschland in Kraft. Im Mittelpunkt aktueller Debatten steht die Frage nach der inklusiven Schule, die von behinderten und nicht behinderten Kindern gleichermaßen besucht wird. Die schulische Inklusion ist heute ein allseits akzeptiertes Ziel. Daraus lassen sich aber nicht nur pädagogische Konsequenzen ableiten. Will man den Bedürfnissen behinderter Kinder gerecht werden, erfordert dies entsprechende bauliche Veränderungen. Unlängst investierte eine östlich von Stuttgart gelegene Gemeinde 16.000 Euro und ließ die örtliche Schule so umbauen, dass ein Kind mit Gehbehinderung am Unterricht teilnehmen kann (*Winnender Zeitung*, 23.8.2016).

Wachsende Aufgaben, steigende Ausgaben

Kommunale Aufgaben unterliegen nicht nur der Rechtsetzung durch die EU, den Bund und die Länder, sondern auch dem gesellschaftlichen und politischen Wandel. Der Umfang der Aufgaben hat sich im Laufe der Zeit quantitativ und qualitativ ausgeweitet. Der demografische Wandel, gestiegene Ansprüche der Bürger, bessere Umweltstandards, technische, digitale und schließlich gesellschaftspolitische Entwicklungen haben nicht nur die Art und Weise der kommunalen Aufgaben verändert, sondern auch deren Umfang ansteigen lassen (▶ Tab. 3).

Auffallend ist der Anstieg der Ausgaben im Bereich der sozialen Sicherung. Im Bau- und Wohnungswesen und bei den Schulen hingegen gingen die Ausgaben um sechs Prozentpunkte zurück. Die Kosten

Tab. 3: Ausgaben der Kommunen in wichtigen Aufgabenbereichen 2010, 2013, 2015 (in %)

Aufgabenbereich	2010	2013	2015
Soziale Sicherung	32 %	33 %	34 %
Bau- und Wohnungswesen	11 %	10 %	10 %
Schulen	10 %	8 %	7 %
Gemeindeverwaltung	12 %	12 %	13 %
Wirtschaftliche Unternehmen, öffentliche Einrichtungen	16 %	13 %	12 %
Sonstige Bereiche	19 %	24 %	24 %
Summe in Mrd. Euro	25,3	30,8	33,7

Quelle: Ministerium für Finanzen und Wirtschaft Baden-Württemberg: Die Gemeinden und ihre Einnahmen. Stuttgart 2017, S. 6

der Gemeindeverwaltung sind nicht zuletzt durch die Personalkosten eine feste Größe, die nicht beliebig gekürzt werden kann. Die steigenden Sozialleistungen führen zu Kürzungen in anderen Aufgabenbereichen. Die kommunalen Sozialleistungen haben sich bundesweit seit dem Jahr 2000 um 53 Prozent erhöht, während die Gesamtausgaben nur um 21 Prozent gestiegen sind. Nicht zuletzt der finanzielle Druck der Sozialausgaben hat zu einem Rückgang der kommunalen Investitionen (z. B. in Gebäude, Sozialwohnungen und Verkehrsinfrastruktur) beigetragen.

Die problematische Finanzsituation vieler Kommunen wird – auch bundesweit – durch die Entwicklung der Gemeindehaushalte von Investitions- hin zu Sozialhaushalten verursacht. Städte, Gemeinden und Gemeindeverbände sind die letzte Auffangposition im sozialen Netz: Langzeitarbeitslose, Alleinerziehende, Asylbewerber, Bürgerkriegsflüchtlinge und Patienten der stationären Altenpflege sind auf die soziale Unterstützung der Kommunen angewiesen. Bundesweit ist die Belastung der Kommunalhaushalte durch Sozialleistungen jedoch unterschiedlich. Am geringsten ist die Belastung in Baden-Württemberg mit durchschnittlich 31 Prozent, am höchsten in Nordrhein-Westfalen mit 43 Prozent. Vor allem wirtschaftsschwache Städte und Gemeinden, die unter Arbeitslosigkeit und geringen Steuereinnahmen leiden, klagen über die hohen Ausgaben für Wohnkosten der »Hartz-4«-Empfänger. Im wirtschaftlich starken Baden-Württemberg belaufen sich diese Kosten auf drei Prozent, im strukturschwachen Sachsen-Anhalt hingegen auf elf Prozent.[1]

Bürgernahe Dienstleistungen und Aufgaben der Gemeindeverwaltung

Die Gemeindeverwaltung ist für die kommunalen Aufgaben und für die Umsetzung der Gemeinderatsbeschlüsse zuständig. Die Aufgabenfülle einer Kommune spiegelt sich im Aufbau der Gemeindeverwaltung wider. Die Verwaltungsgliederung gibt einen ersten Einblick in die Vielfalt der Aufgaben bzw. Tätigkeitsfelder einer Gemeinde (▶ Tab. 4).

Die im Rems-Murr-Kreis gelegene Große Kreisstadt Backnang (ca. 36.000 Einwohner) hat ihre Verwaltung in Dezernaten, d. h. nach Geschäftsbereichen bzw. Sachgebieten, organisiert. Diese Dezernate haben bestimmte Zuständigkeiten, die wiederum auf Ämter aufgeteilt sind. Ein anderer Teil kommunaler Aufgaben wird von Eigenbetrieben erledigt. Gemeinden und Landkreise können Unternehmen und Einrichtungen, die ganz oder zum Teil aus Gebühren oder Entgelten gedeckt werden, als Eigenbetriebe führen.

---

1 https://www.bertelsmann-stiftung.de/de/themen/aktuelle-meldungen/2015/juni/sozialausgaben-belasten-haushalte-der-kommunen-mit-bis-zu-58-prozent/ [4.4.2017].

Tab. 4: Die Verwaltung einer Kreisstadt

Dezernat I	Dezernat II	Dezernat III	Eigenbetriebe
Pressestelle und persönliches Referat des Oberbürgermeisters Haupt- und Personalamt Rechnungsprüfungsamt Kultur- und Sportamt Wirtschaftsförderung	Rechts- und Ordnungsamt Amt für Familie, Jugend und Bildung Stadtkämmerei	Bauverwaltung Baurechtsamt Stadtplanungsamt Hochbauamt Tiefbauamt	Eigenbetrieb Stadtentwässerung Städtische Wohnbau Backnang GmbH Städtische Holding Backnang GmbH Zweckverband Industrie- und Gewerbegebiet Lerchenäcker Stadtwerke Backnang Städtische Klärschlammverwertung Backnang GmbH Städtische Bädergesellschaft Backnang GmbH Eigenbetrieb Baulandentwicklung

Quelle: https://www.backnang.de/

Mit zunehmender Größe einer Stadt erhöht sich in aller Regel auch die Zahl der Dezernate. Der Stadtkreis Mannheim beispielsweise hat neben den Zuständigkeitsbereichen des Oberbürgermeisters fünf weitere Dezernate. Die Landeshauptstadt Stuttgart hat ihre Stadtverwaltung neben dem Aufgaben- und Zuständigkeitsbereich des Oberbürgermeisters in sieben Dezernate – sogenannte Geschäftskreise – aufgeteilt. In die Zuständigkeit des Oberbürgermeisters gehören Querschnittaufgaben, die die gesamte Stadtverwaltung betreffen (z. B. Öffentlichkeitsarbeit, Personal, Organisation, Wahlen, Recht und Rechnungsprüfung). Die sieben Dezernate kümmern sich z. B. um Wirtschaft, Finanzen, Jugend und Bildung, Soziales, Städtebau und Umwelt. Die Dezernate verfügen in aller Regel über ein eigenes Budget, mit dem sie ihre Arbeit über das Haushaltsjahr hinweg finanzieren und strukturieren. Die Dezernate arbeiten zwar eigenständig, aber in Abstimmung mit dem Bürgermeister. In regelmäßigen Sitzungen werden aktuelle Projekte, Vorhaben und Aufgaben besprochen. Da Bürgermeister von Städten gar nicht die Zeit haben, sich mit allen Einzeleinheiten zu beschäftigen, müssen sie Vertrauen in die Kompetenzen und das Fachwissen ihrer Mitarbeiter haben.

Dienstleistungen und Zuständigkeiten

Die Dienstleistungen und Zuständigkeiten der verschiedenen Ämter erschließen sich oft schon durch die Hinweistafel im Eingangsbereich von Rathäusern. Benötigt man einen neuen Personalausweis, ist die beim Einwohnermeldeamt angegliederte Passstelle zuständig. Nach einem Umzug muss man sich binnen zweier Wochen beim Einwohnermeldeamt des neuen Wohnorts anmelden. Trägt man sich mit Heiratsabsichten, kommt nur das Standesamt in Frage. Die Hundesteuer entrichtet man auf dem Steueramt bzw. der Stadtkasse. Beim Bau eines Eigenheims enthält das Baugesuch, das vom Bauordnungsamt bzw. Baurechtsamt bewilligt werden muss, detaillierte Angaben über Bauhöhen und Bauabstände zum Nachbargrundstück. Erfolgt ein Verstoß gegen diese Auflagen, können sich benachbarte Haus- oder Grundstückseigentümer beim Baurechtsamt beschweren.

Obwohl die Ämter einer Gemeinde eigene Geschäftsbereiche und Zuständigkeiten haben, betreffen größere Projekte stets mehrere Ämter einer Gemeinde- oder Stadtverwaltung. Hiltrud und Karl-Heinz Naßmacher verdeutlichen dieses Zusammenspiel mehrerer Ämter an zwei Beispielen (Naßmacher/Naßmacher 2007, S. 79 f.):

Der Bau eines städtischen Hallenbades z. B. betrifft zunächst die Sportförderung, aber auch noch weitere Ämter. Für den Bau des Hallenbades braucht die Stadt Geld (Stadtkämmerei), ein Grundstück (Liegenschaftsamt) und Pläne (Stadt- oder Hochbauamt). Des Weiteren muss die Umgebung des Hallenbades entsprechend gestaltet werden (Bauamt). Der Betrieb eines Bades erfordert Energie und Wasser (Stadtwerke), Personal muss eingestellt und bezahlt werden

Bürgernahe Dienstleistungen und Aufgaben der Gemeindeverwaltung

Abb. 6: Die Bürgerin/der Bürger benötigt das Standesamt bei Geburt, Heirat, Scheidung und Tod.

(Personalamt). Und schließlich muss das Hallenband unterhalten und verwaltet werden (Städtische Bädergesellschaft).

Ähnlich komplex sind die Planung und Einrichtung einer Fußgängerzone. Für die Pläne ist zunächst das Tiefbauamt zuständig. Die notwendigen Finanzmittel muss die Stadtkämmerei beschaffen. Wird Bauland erschlossen, müssen sich die Grundstückseigentümer an der

Errichtung der Straßen, Wege, Plätze sowie am Bau von Versorgungs- und Entsorgungsleitungen in Form von Anliegerbeiträgen finanziell beteiligen. Diese Anliegerbeiträge muss das Steueramt in Verbindung mit der Stadtkasse einziehen. Die Außenanlagen müssen ansprechend gestaltet werden (Planungsamt und Gartenamt). Die Wirtschaftsförderung schließlich kümmert sich um die Ansiedlung von Gastronomiebetrieben, Boutiquen, Ladengeschäften und Dienstleistungsunternehmen.

Aufgaben, die aufgrund ihrer finanziellen Größenordnung von einer einzelnen Kommune nicht zu bewältigen sind, fallen in die Zuständigkeit der Landkreise. Der Landkreis hat hier eine unterstützende Aufgabe, d. h. er muss als nächsthöhere Verwaltungseinheit in die Bresche springen. Die Landkreise sind z. B. für die Müllabfuhr und Abfallbewirtschaftung, für den Öffentlichen Personennahverkehr (ÖPNV), für die Gesundheits- und Veterinärämter, für den Erhalt der Kreisstraßen und für das Berufsschulwesen zuständig. Auf diese Weise wirken die Landkreise ausgleichend: Sie nehmen auf der einen Seite über die Kreisumlage Geld von den Kommunen, um auf der anderen Seite allen Gemeinden des Kreisgebiets eine gleichmäßig gute und funktionierende Infrastruktur zu garantieren.

Der Haushaltsplan

Städte und Gemeinden brauchen eine angemessene Finanzausstattung, um ihre Aufgaben erfüllen zu können. Deshalb ist der jährliche Haushaltsplan eines der wichtigsten Planungsinstrumente. Der Haushaltsplan ist systematisch aufgebaut und schlüsselt die Einnahmen und Ausgaben einer Kommune genau auf.

Verwaltungs- und Vermögenshaushalt

Der Gemeindehaushalt ist in zwei Teilhaushalte unterteilt, in den Verwaltungs- und Vermögenshaushalt. Der Verwaltungshaushalt erfasst jene Einnahmen und Ausgaben, die im Rahmen der Verwaltung laufend anfallen (z. B. Personalausgaben, Unterhaltungskosten, Zinsen usw.). Im Verwaltungshaushalt bilden die Personalkosten den wichtigsten Ausgabenposten. Auch der Bürobedarf, die Kosten für die Nutzung und den Unterhalt von Gebäuden (z. B. Heizung und Reinigung) sowie der Erhaltungsaufwand (z. B. Anstrich, Reparaturen) schlagen bei den Ausgaben zu Buche. Der Vermögenshaushalt hingegen umfasst die vermögenswirksamen Ausgaben und Einnahmen (z. B. Baumaßnahmen, Erwerb von Sachvermögen usw.). Zu diesen Investitionsmaßnahmen gehören der Neubau oder Kauf von Gebäuden oder der Neu- und Ausbau von Straßen. Im landesweiten Durchschnitt haben die Investitionsausgaben in den vergangenen Jahren kontinuierlich abgenommen.

Drei Posten der Einnahmen- und Ausnahmenseite erschließen sich nicht von selbst. Auf der Einnahmenseite sind die beiden Teilhaushalte (Verwaltungshaushalt und Vermögenshaushalt) durch die Zuführung des Verwaltungs- an den Vermögenshaushalt gebunden. Der Verwaltungshaushalt muss also einen Überschuss erwirtschaften, der dem Vermögenshaushalt zuzuführen ist. Mit dieser Zuführung werden z. B. die Schuldentilgung und Kosten der Kreditbeschaffung garantiert. Innere Verrechnungen sind Erstattungen zwischen verschiedenen Kostenstellen. Ein Beispiel soll den Mechanismus der inneren Verrechnung verdeutlichen: Beauftragt das städtische Hallenbad den Bauhof, den Rasen im Außenbereich des Bades zu mähen, fallen Kosten an (Personalkosten und Betriebskosten des Rasenmähers beim Bauhof). Das Hallenbad muss nun dem Bauhof diese Kosten erstatten. Im Verwaltungshaushalt taucht als vierte Nennung der Begriff der kalkulatorischen Kosten auf. Kalkulatorischen Kosten steht kein Aufwand gegenüber. Dieser Posten umfasst z. B. die Abschreibungen, d. h. die Wertminderung von Vermögensgegenständen.

4 Aufgaben einer Gemeinde

Der Haushaltsplan einer östlich von Stuttgart gelegenen Gemeinde mit knapp 11.000 Einwohnern sieht auf der Einnahmen- und Ausgabenseite wie folgt aus:

Tab. 5: Gesamteinnahmen 2018 (in Mio. Euro und prozentualer Anteil)

Einnahmen Verwaltungshaushalt	Mio. Euro	Einnahmen Vermögenshaushalt	Mio. Euro
Grund-/Gewerbesteuer, Gemeindeanteil an der Einkommensteuer und Umsatzsteuer sowie Finanzzuweisungen	18,924 (52,7 %)	Zuführung vom Verwaltungshaushalt	1,663 (4,6 %)
Verwaltungs- und Benutzungsgebühren, Zinsen, sonstige Finanzeinnahmen	5,345 (14,3 %)	Veräußerung von Grundstücken und beweglichem Vermögen	0,900 (2,5 %)
Innere Verrechnungen	2,906 (8,1 %)	Rücklagenentnahme	0,290 (0,8 %)
Kalkulatorische Kosten	4,024 (11,2 %)	Kreditaufnahme	1,300 (3,6 %)
		Sonstige Einnahmen	0,537 (1,5 %)
Gesamt	31,199	Gesamt	4,690

Quelle: Leute. Amtsblatt der Gemeinde Leutenbach vom 23.02.2017, S. 11

Tab. 6: Gesamtausgaben 2018 (in Mio. Euro und prozentualer Anteil)

Ausgaben Verwaltungshaushalt	Mio. Euro	Ausgaben Vermögenshaushalt	Mio. Euro
Personalkosten	7,652 (21,3 %)	Erwerb von Vermögen	1,070 (3,0 %)
Unterhaltungs- und Sachaufwand	4,767 (13,3 %)	Baumaßnahmen	3,307 (9,2 %)
Zuweisungen und Zuschüsse	1,368 (3,8 %)	Tilgung von Krediten	0,306 (0,9 %)

Tab. 6: Gesamtausgaben 2018 (in Mio. Euro und prozentualer Anteil) – Fortsetzung

Ausgaben Verwaltungshaushalt	Mio. Euro	Ausgaben Vermögenshaushalt	Mio. Euro
Zinsen, Umlagen, sonstige Ausgaben	10,482 (29,2 %)	Sonstige Ausgaben	0,007 (0,0) %
Innere Verrechnungen	2,906 (8,1 %)		
Kalkulatorische Kosten	4,024 (11,2 %)		
Gesamt	31,199	Gesamt	4,690

Quelle: https://www.leutenbach.de/de/rathaus/ortsrecht-zahlen/haushaltsdaten

Arbeitsprogramm für die Verwaltung

Der Haushaltsplan sagt stets etwas über die wirtschaftliche Leistungskraft der am Ort ansässigen Wirtschaft und der Einwohner aus. Zugleich ist der Haushaltsplan ein Arbeitsprogramm für die Verwaltung, indem er für die einzelnen Aufgaben einen klaren Finanzrahmen vorgibt. Ein weiterer Gesichtspunkt kommt hinzu: Gemeinden müssen aus eigenem Interesse dafür sorgen, dass ihr Haushalt über längere Zeit nicht ins Defizit rutscht. Ein Ungleichgewicht im Haushalt frisst aufgrund mangelnder finanzieller Reserven die politischen Spielräume einer Gemeinde auf.

Dienstleistungen und Aufgaben einer Gemeinde sind stets mit finanziellen Ausgaben verbunden. Angesichts der vielfältigen Aufgaben drängt sich die klassische Frage auf: Wer soll das (alles) bezahlen? Wie werden die Aufgaben finanziert? Immer mehr Kommunen stehen vor der Herausforderung, wachsende Aufgaben und Ausgaben mit zum Teil knapper werdenden Mitteln bewältigen zu müssen. Knappe Gemeindefinanzen führen immer wieder zu Diskussionen über Art, Umfang und Wirtschaftlichkeit der kommunalen Aufgaben: Sind alle kommunalen Leistungen zwingend erforderlich? Werden die Leistungen überhaupt effizient erbracht? Soll immer der bezahlen, der eine öffentliche Leistung in Anspruch nimmt? Können die Kosten der

Dienstleistungen vollständig von den Bürgern einer Kommune getragen werden?

Wie werden kommunale Aufgaben finanziert?

Abb. 7: Aus Steuern finanzieren sich die Aufgaben und das Personal der Gemeinden und Städte.

Steuereinnahmen sind die bedeutendste Finanzierungsquelle. Diese Haupteinnahmequelle setzt sich aus eigenen Steuern – vor allem der Gewerbe- und Grundsteuer – und einer Beteiligung an verschiedenen anderen Steuern zusammen. Nach den Steuern sind die sogenannten Finanzzuweisungen die zweite wichtige Einnahmequelle der Städte und Gemeinden. Weitere Einnahmen sind Gebühren und Entgelte sowie die »Bagatellsteuern« (z. B. Hundesteuer, Vergnügungssteuer), die nicht sonderlich ins Gewicht fallen. Den geringen Einnahmen aus den Bagatellsteuern steht ein beträchtlicher Aufwand beim Einzug gegenüber.

Gewerbesteuer

Die *Gewerbesteuer* zählt zu den Hauptertragsquellen von Städten und Gemeinden. Die Gewerbesteuer erhebt die Kommune von den ortsansässigen Gewerbebetrieben. Land- und forstwirtschaftliche Betriebe, Ärzte, Anwälte oder andere selbstständig Arbeitende (z. B. Schriftsteller, Künstler) unterliegen nicht der Gewerbesteuer. Die Gewerbesteuer ist eine Gegenleistung für die Benutzung der kommunalen Infrastruktur (z. B. Straßen, Wasser, Abwasser) durch Industrie, Handwerk und Handel. Von insgesamt rund 16,8 Milliarden Euro an Steuereinnahmen erzielten Baden-Württembergs Kommunen im Jahr 2019 Einnahmen von 6,6 Milliarden Euro aus der Gewerbesteuer.[2] Der Gemeinderat kann das Steueraufkommen durch die jährliche Festsetzung der Hebesätze vermehren oder vermindern. Berechnungsgrundlage ist der Gewerbeertrag – d. h. der Gewinn – des Betriebs oder Unternehmens. Allerdings bleibt die Gewerbesteuer nicht in vollem Umfang bei den Kommunen. Aufgrund der Gewerbesteuerumlagen muss ein Teil der Gewerbesteuer an das Land und den Bund abgeführt werden. Vor allem für große und mittlere Städte, in denen viele Wirtschaftsbetriebe angesiedelt sind, ist die Gewerbesteuer eine bedeutende Einnahmequelle. Einige wenige Zahlen sollen die Größenordnung verdeutlichen: 2018 belief sich das Gewerbesteueraufkommen in der Landeshauptstadt Stuttgart auf 711,0 Millionen Euro (brutto). 2014 waren es noch 514,9 Millionen Euro. Aufgrund der Größenordnung dieser Einnahmequelle sind Kommunen bestrebt, durch Maßnahmen der Wirtschaftsförderung Betriebe und Unternehmen »anzulocken«. Wenn die Wirtschaftszweige allerdings in eine Krise geraten, vermindern sich die Steuereinnahmen unter Umständen dramatisch. In den letzten Jahren wurde im Zusammenhang mit stagnierenden oder abnehmenden Gewerbesteuerzahlungen vermehrt Kritik an internationalen Unternehmen mit mehreren Stand-

---

2 https://fm.baden-wuerttemberg.de/fileadmin/redaktion/m-fm/intern/Publikationen/171214_Steuertipps_Kommunen.pdf [22.9.2021].

orten laut: *Global Players* lassen durch unternehmensinterne Verrechnungen dort Gewinne anfallen, wo die Besteuerung am geringsten ist.

Die Corona-Pandemie traf die Kommunen besonders bei den Einnahmen und Ausgaben. Insgesamt lässt sich der finanzielle Schaden im Jahr 2020 bundesweit auf mindestens 17 Milliarden Euro schätzen. Infolge der Corona-Krise ist die Gewerbesteuer der Kommunen in den 13 Flächenländern gegenüber dem Vorjahreswert um fast neun Milliarden Euro eingebrochen. Die Gewerbesteuereinnahmen sind in Baden-Württemberg (Stand 30. September 2020) im Vergleich mit dem Vorjahreszeitraum um 21,9 Prozent zurückgegangen. Den Kommunen standen 892 Millionen Euro weniger zu Verfügung (Brobeil 2021, S. 48).

Aber auch beim Gemeindeanteil an der Einkommensteuer sowie bei den Gebühren traten bundesweit Verluste von mehr als vier Milliarden Euro auf. Die Steuerverluste betrafen vor allem wirtschaftsstarke Regionen. So ging das kommunale Steueraufkommen allein in Bayern und Baden-Württemberg gegenüber 2019 jeweils um mehr als 1,5 Milliarden Euro zurück; jeweils deutlich mehr als in den fünf ostdeutschen Ländern zusammen (*Bertelsmann Stiftung*, 6.7.2021).

Grundsteuer

Die *Grundsteuer* erbrachte 2019 landesweit knapp 1,8 Milliarden Euro. Die Grundsteuer ist eine sogenannte Besitzsteuer. Wer ein Grundstück besitzt, muss darauf Grundsteuer bezahlen. Die Grundsteuer erfasst die land- und forstwirtschaftlichen Flächen (Grundsteuer A) und die sonstigen bebauten und unbebauten Grundstücke (Grundsteuer B) einer Kommune. Wie bei der Gewerbesteuer legt die Gemeinde auch bei dieser Steuer den Hebesatz fest. Allerdings sind die Spielräume beim Anheben des Hebesatzes mit Rücksicht auf die Belastbarkeit der örtlichen Steuerzahler begrenzt. Zudem besteht durch benachbarte Gemeinden, die unter Umständen einen geringeren Hebesatz haben, eine gewisse Standortkonkurrenz.

Andere Steuerarten

Lohn- und Einkommensteuer sowie *Umsatzsteuer* sind Gemeinschaftssteuern von Bund, Land und Kommunen. Der Kuchen muss also zwischen Bund, Ländern und Kommunen aufgeteilt werden. Einkommen- und Umsatzsteuer werden anteilig aufgeteilt. Der Gemeindeanteil an der Lohn- und Einkommensteuer beträgt 15 Prozent des in Baden-Württemberg erzielten Steueraufkommens und zwölf Prozent des Aufkommens aus der *Abgeltungssteuer*. Die Abgeltungssteuer wird bei Einkünften aus Kapitalvermögen (z. B. auf Zinsen, Dividenden, Erträge aus Investmentfonds) erhoben.

Im Jahr 2019 lag der Betrag landesweit bei rund 6,9 Milliarden Euro.[3] Verteilt wird dieser Betrag auf die einzelnen Kommunen nach den Lohn- und Einkommensteuerleistungen ihrer Bewohner. Aus der Umsatzsteuer erhielten die Kommunen 1,1 Milliarden Euro.[4] Da beide Steuern im Gegensatz zur Gewerbesteuer kaum konjunkturanfällig sind, bilden sie für die kommunalen Haushalte eine feste Größe.

Finanzausgleichssystem

Das kommunale Finanzsystem ist in das Finanzausgleichssystem eingebettet. Der im Grundgesetz (GG) in Artikel 107 festgelegte Finanzausgleich regelt die Verteilung des Steueraufkommens zwischen Bund, Ländern und Kommunen. Man unterscheidet zwischen dem vertikalen Finanzausgleich, der zwischen Bund und Ländern eingerichtet ist, und dem horizontalen Ausgleich zwischen finanzstarken und finanzschwachen Ländern und dem kommunalen Finanzaus-

---

3 https://fm.baden-wuerttemberg.de/fileadmin/redaktion/m-fm/intern/Publikationen/171214_Steuertipps_Kommunen.pdf [22.9.2021].
4 https://fm.baden-wuerttemberg.de/fileadmin/redaktion/m-fm/intern/Publikationen/171214_Steuertipps_Kommunen.pdf [22.9.2021].

gleich zwischen Ländern und Städten, Gemeinden bzw. Gemeindeverbänden.

Aufgrund des Finanzausgleichssystems erhalten Bund, Länder und Kommunen verbindliche Zuweisungen vom gesamten Steueraufkommen. Der kommunale Finanzausgleich soll durch sogenannte *Schlüsselzuweisungen* die unterschiedlichen Einnahmen zwischen den einzelnen Städten und Gemeinden bis zu einem gewissen Grad ausgleichen (horizontale Wirkung) und jeder Kommune eine finanzielle Mindestausstattung (vertikale Wirkung) garantieren. Schlüsselzuweisungen werden nach einem vom Land festgesetzten Schlüssel an alle Gemeinden verteilt und sind nicht zweckgebunden. Es gibt auch Zuweisungen, die an einen bestimmten Zweck gekoppelt sind. Diese Zuschüsse sind an Auflagen gebunden, d. h. das Land legt fest, ob und unter welchen Bedingungen die Gelder fließen. Weil aber die Kommunen auch einen Eigenanteil an Steuermitteln für diese Objekte und Projekte aufwenden müssen, bekommen sie – so der Volksmund – einen »goldenen Zügel« angelegt. Im Jahr 2019 erhielten die Kommunen 13,5 Milliarden Euro aus Mitteln des Landes.[5]

Sonderlastenausgleiche

Außerdem erhalten die Kommunen noch *Sonderlastenausgleiche* für besondere finanzielle Belastungen, die durch gesetzlich vorgeschriebene Aufgaben entstehen (z. B. Schulkosten und die Finanzierung der Kindergärten). Hier fordern die Gemeinden den vollen Ausgleich für Aufgaben, die ihnen gesetzlich auferlegt sind. Diese Forderungen werden durch das in der Landesverfassung festgeschriebene Konnexitätsprinzip abgesichert. Den Gemeinden oder Gemeindeverbänden können bestimmte öffentliche Aufgaben übertragen werden, die in

---

5 https://fm.baden-wuerttemberg.de/fileadmin/redaktion/m-fm/intern/Publikationen/171214_Steuertipps_Kommunen.pdf [22.9.2021].

aller Regel zu einer finanziellen Mehrbelastung führen. Das Konnexitätsprinzip besagt nun, dass das Land für einen Ausgleich sorgen muss, indem es Bestimmungen über die Deckung der Kosten trifft oder selbst den finanziellen Ausgleich bezahlt. Kurz und bündig kann man dies auch so ausdrücken: »Wer bestellt, der muss bezahlen.«

Entgelte und Gebühren

Weitere Einnahmequellen sind *Entgelte* und *Gebühren* für die Nutzung öffentlicher Einrichtungen (z. B. Wasserversorgung, Abwasserbeseitigung, Müllabfuhr, Erschließungsbeiträge für Straßenanlieger, Kindergartengebühren, Eintrittsgelder für Schwimm- und Hallenbäder). Ebenso fallen für bestimmte Amtshandlungen (z. B. standesamtliche Trauung, Ausstellung eines Personalausweises, Ummeldung bei Wohnungswechsel) Gebühren an. Die öffentlich-rechtlichen Gebühren sind Gegenleistungen der Bürger für die erbrachten Amts- und Verwaltungshandlungen. Die Gebühren, Einnahmen und Entgelte sind in der Regel nicht kostendeckend. Die Bürger müssten ein Vielfaches der Eintrittsgelder und Gelder zahlen. Die Einnahmen der kommunalen Bäder decken im Schnitt nur 20 Prozent der Kosten. Bei Museen und Büchereien beläuft sich die Kostendeckung auf knapp sieben Prozent. Lediglich die Abwasser- und Abfallbeseitigung, die zumeist durch Eigenbetriebe erledigt wird, erfolgt weitgehend kostendeckend. Kostendeckende Gebühren würden sozial schwache Bevölkerungsgruppen von der Inanspruchnahme kommunaler Leistungen ausschließen. Gebührenerhöhungen zur Kostendeckung sind auch keine Lösung, da sie zumeist auf Kritik stoßen. Manche Kommunen werden bei Gebührenerhöhungen (z. B. Parkgebühren) als »Wegelagerer« beschimpft.

Der Disput um die Erhöhung der Parkgebühren wird sich fortsetzen. In vielen Städten droht durch die Änderung des Straßenverkehrsgesetzes im Juli 2020 eine Erhöhung der Parkgebühren. Vor 2020 lagen die Gebühren fürs Anwohnerparken bundesweit bei maximal 30,70 Euro pro Jahr. Mittlerweile ist die Deckung gekippt. Die Länder

4 Aufgaben einer Gemeinde

dürfen nun eigene Gebührenordnungen erlassen oder diese Aufgabe auf die Kommunen übertragen, wie es in Baden-Württemberg geschehen ist. Tübingen sieht vor, dass Anwohner künftig 120 Euro pro Jahr bezahlen sollen. Für Autos mit Verbrennungsmotor, die mehr als 1800 Kilogramm auf die Waage bringen, sollen ab Anfang 2022 180 Euro fällig werden (*Stuttgarter Nachrichten*, 22.9.2021). Freiburg, Reutlingen, Stuttgart und Ulm streben ebenfalls eine stufenweise Erhöhung der Gebühren an.

Veräußerungserlöse und Kredite

An Einnahmequellen sind noch *Veräußerungserlöse* durch Grundstücksverkäufe und *Kredite* zu nennen. Kredite sind allerdings eine finanzielle Belastung für die folgenden Haushaltsjahre. Die Tilgungs- und Zinszahlungen schränken den zukünftigen Handlungsspielraum von Städten und Gemeinden ein. Die allermeisten Kommunen in Baden-Württemberg sind zur Finanzierung von größeren Investitionen auf Kredite angewiesen. Kredite sollen allerdings nur dann in Anspruch genommen werden, wenn eine anderweitige Finanzierung nicht möglich ist. Kredite für Investitionen sind nur dann zugelassen, wenn die sonstigen Einnahmen zur Deckung der Ausgaben nicht ausreichen, andere Einzahlungen nicht zur Verfügung stehen und wirtschaftlich nicht zweckmäßig sind. Die Aufnahme eines Kredits muss auch mit der finanziellen Leistungsfähigkeit einer Kommune in Einklang gebracht werden, d. h. die Kommune muss die Lasten aus Zinsen und Tilgung auch tragen können. Kreditschulden verteilen zwar die finanziellen Lasten einer größeren Investition auf mehrere Jahre, belasten unter Umständen jedoch künftige Generationen von Steuerzahlern.

Wofür geben die Kommunen Geld aus?

Baden-Württembergs Kommunen verbuchten 2019 laut Finanzministerium landesweit Ausgaben von 41 Milliarden Euro. Der größte Teil entfiel auf die soziale Sicherung. Darunter fallen die Alten-, Pflege- und Behinderteneinrichtungen sowie Kindergärten bzw. Kinderkrippen, Jugend- und Sozialhilfe.[6] Die Ausgaben für soziale Kosten sind im Vergleich zum Vorjahr um ca. fünf Prozent gestiegen. Ebenso stiegen die Ausgaben für die Leistungen der Sozial- und Jugendhilfe. Dieser stete Anstieg der Sozialausgaben hat Gründe. Regelmäßig erscheinende Armutsberichte belegen, dass immer mehr Bundesbürger von Armut bedroht oder betroffen sind.

In Deutschland ist Armut genau definiert. Arm ist, wer weniger als 60 Prozent des mittleren Nettolohns erhält, das sind derzeit 1176 Euro (Stand 2021). Reich ist, wer monatlich mehr als 3900 Euro Nettogehalt bezieht. Der Anteil an reichen Menschen in Deutschland ist in den letzten Jahren immer weiter angestiegen, zeigt der sechste Armuts- und Reichtumsbericht aus dem Jahr 2021, ebenso wie der Anteil der Armen. Gleichzeitig schrumpft die Einkommensmitte immer weiter (Statistisches Bundesamt 2021, S. 225). Die reichste Hälfte der Bevölkerung verfügt über 99,5 Prozent der Vermögen. Über ein sehr hohes Nettovermögen verfügen rund 3,8 Prozent der Bevölkerung. Sie besitzen mehr als eine halbe Millionen Euro, also Immobilien, Geldanlagen oder Betriebsvermögen.

Auch die Zahl derjenigen Menschen, die im Alter finanzielle Unterstützung benötigen, hat in den letzten Jahren zugenommen. Obwohl in Baden-Württemberg weniger Menschen von Armut betroffen sind, wirkt sich dies auf der kommunalen Ebene durch gestiegene Sozialausgaben aus. Seit den 1970er Jahren haben sich die

---

6 https://fm.baden-wuerttemberg.de/de/haushalt-finanzen/haushalt/kommunalfinanzen [22.9.2021].

Sozialausgaben der Kommunen verfünffacht, seit der Wiedervereinigung verdoppelt. Seit dem Zuzug von Flüchtlingen in den Jahren 2015 und 2016 sind die Leistungen nach dem Asylbewerberleistungsgesetz erneut angestiegen.

Enorme Folgekosten entstanden in den letzten Jahren z. B. durch den Ausbau der Kinderbetreuung. Seit dem 1. August 2013 gilt der Rechtsanspruch auf einen Betreuungsplatz für unter Dreijährige, d. h. die Städte und Gemeinden müssen neue Betreuungsplätze schaffen. Das Kinderförderungsgesetz garantiert jedem Kind ab seinem ersten Geburtstag einen Rechtsanspruch auf einen Kitaplatz oder eine Tagespflege. Daraus entsteht für Städte und Gemeinden eine planerische Daueraufgabe: Wie viele Eltern wollen einen Betreuungsplatz? Sollen die Plätze nahe am Wohnort oder näher am Arbeitsplatz liegen?

Personalkosten

Die Personalausgaben sind seit Jahren weitgehend konstant, steigen aber kontinuierlich durch die Tarifentwicklung im Öffentlichen Dienst. Obwohl landesweit Stellen eingespart wurden, schlagen Tariferhöhungen dennoch immer wieder durch.

Weitere wichtige Ausgabenblöcke sind die öffentlichen Einrichtungen (z. B. Friedhöfe, Stadthallen, Abwasser, Abfall), das Bau- und Wohnungswesen. Die tatsächlich wahrgenommenen Aufgaben sind abhängig von den Gegebenheiten vor Ort und unterscheiden sich von Gemeinde zu Gemeinde.

Ein leichter Anstieg ist auch beim laufenden Sachaufwand zu verzeichnen. Zum laufenden Sachaufwand gehören z. B. der Aufwand für den Unterhalt von Gebäuden, Ausgaben für Geräte, Ausstattungsgegenstände, Bürobedarf in der Verwaltung, Post- und Telefongebühren, Mieten und Pachten, Kosten für Dienstfahrzeuge, Steuern und Versicherungsbeiträge. In diesem Ausgabenfeld schlagen vor allem gestiegene Energiekosten zu Buche.

Obwohl die Investitionsquote in den vergangenen Jahren rückläufig war, lagen die Sachinvestitionen im Jahr 2020 landesweit bei immerhin 5,9 Milliarden Euro, davon über 3 Milliarden Euro für Baumaßnahmen. Größte Einzelposten bei den Baumaßnahmen sind die Ausgaben für Straßen und für Schulen sowie für die Abwasser- und Abfallbeseitigung.[7]

Neuerungen im Haushaltsrecht

Die knappen Kassen der Städte und Gemeinden haben vor gut zehn Jahren Diskussionen über Art, Umfang und Wirtschaftlichkeit der kommunalen Aufgaben ausgelöst. Die Finanznot der Kommunen führte zu der Erkenntnis, dass Politik und Verwaltung eine neue Sichtweise benötigen. Anstatt von einem Haushaltsjahr zum nächsten zu denken, kann eine gewissenhafte Haushaltsführung nur dann gelingen, wenn sie längerfristig angelegt ist.

Deshalb hat der Landtag von Baden-Württemberg am 22. April 2009 eine grundlegende Umstellung in der Haushaltswirtschaft beschlossen. Erklärtes Ziel dieser neuen rechtlichen Grundlagen ist es, ein leistungsfähiges und zukunftsorientiertes Haushalts- und Rechnungswesen zu schaffen. Neu ist das Prinzip der intergenerativen Gerechtigkeit: Jede Generation soll das von ihr übernommene Vermögen an die nachfolgende Generation weitergeben.

Kommunale Doppik

In Baden-Württemberg ist bis zum 1. Januar 2020 in allen Städten und Gemeinden die kommunale Doppik einzuführen. »Doppik« ist ein Kunstwort und steht für »Doppelte Buchführung in Konten bzw.

---

7 http://www.statistik.baden-wuerttemberg.de/Presse/Pressemitteilungen/ 2016168 [4.4.2017].

Kommunen/Körperschaften«. Gemeint ist damit Folgendes: Bisher hatten Kommunen eine reine Ausgaben- und Einnahmenrechnung, d. h. es wurden Geld- und Zahlungsströme erfasst und geplant. Nicht berücksichtig wurden die Folgen für den Vermögensstand. Die kommunale Doppik beruht auf dem Grundsatz, dass es in jeweils einem Planungs- und Rechnungsjahr nicht nur darum gehen kann, Einnahmen und Ausgaben in einen ausgewogenen Zustand zu bringen. Ziel muss es vielmehr sein, das Vermögen der Kommunen nicht zu verringern und gleichzeitig den Verbrauch von Vermögen durch Zuwächse wieder auszugleichen. Nur so entsteht ein realistisches Bild von der wirtschaftlichen Lage der Gemeinde: Welches Vermögen besitzt die Kommune? Wie verändert sich dieses Vermögen?

Ergebnishaushalt

Der Haushaltsplan wird im neuen kommunalen Haushaltsrecht zu einem Steuerungs- und Planungsinstrument. Ergänzt wird er durch einen sogenannten *Ergebnishaushalt*, der die Erträge (Ressourcenaufkommen) und Aufwendungen (Ressourcenverbrauch) gegenüberstellt. Ergibt sich bei dieser Gegenüberstellung ein Überschuss, hat die Kommune ihr Vermögen nicht geschmälert. Im Mittelpunkt steht die genaue Abbildung der Aufwendungen und der Folgekosten. Die Aufwendungen einer Gemeinde gehen oft über ein Haushaltsjahr hinaus. Beispielhaft hierfür ist die Nutzung eines Gebäudes. Dieses wurde vor Jahren errichtet oder gekauft. Im aktuellen Haushaltsjahr fließt hierfür kein Geld ab. Dennoch sinkt der Wert des Gebäudes durch die Nutzung. Dieser Werteverzehr wird in der Doppik künftig über die jährliche Abschreibung als Aufwand erfasst und ausgewiesen. Mit dieser Berechnungsart wird transparent, wie das kommunale Vermögen zu- bzw. abnimmt.

Vermögensrechnung

Zudem werden die Amts- und Verwaltungshandlungen in einer *Finanzrechnung* und in einer *Vermögensrechnung* bilanziert. In der Finanzrechnung werden die Ein- und Auszahlungen miteinander verglichen, also ob sich die Stadt- oder Gemeindekasse füllt oder leert. In der Vermögensrechnung werden die Verwendung des kommunalen Kapitals und die Herkunft der Mittel gegenübergestellt, damit das Gesamtvermögen der Stadt erkennbar wird.

Die Kommunen erhalten mit dem neuen kommunalen Haushaltsrecht umfassendere Informationen, die sinnvolle kommunalpolitische Entscheidungen ermöglichen. Das neue Haushaltsrecht soll die kommunalpolitisch Verantwortlichen dazu »erziehen«, beim Geldausgeben auch die langfristigen Finanzlasten im Blick zu haben.

Allerdings ändert das neue Haushaltsrecht wenig an der wirklichen Finanzsituation der Städte und Gemeinden.

Die Umstellung der kommunalen Haushalte auf die doppelte Buchführung kam in Baden-Württemberg anfangs eher schleppend voran, gewann dann jedoch an Tempo. Das Statistische Landesamt Baden-Württemberg meldete im August 2019, dass neun Stadtkreise, alle 35 Landkreise und 720 Gemeinden auf die kommunale Doppik umgestellt haben. Knapp 370 Gemeinden bekundeten die Absicht, die Umstellung bis zum 1. Januar 2020 zu vollziehen. Eine Landtagsdrucksache vom 7. Juli 2020 bilanziert, dass alle Städte und Gemeinden rechtzeitig zum Jahresbeginn 2020 den Wechsel zur Doppik erfolgreich gemeistert haben.

Die Finanzsituation: Ein ständiges Auf und Ab!

Im bundesweiten Vergleich geht es den Kommunen und Kreisen in Baden-Württemberg gut. Bundesweit haben Städte, Gemeinden und Kreise 2018 im siebten Jahr in Folge Überschüsse in ihren Haushalten erzielt. Zum ersten Mal seit der Wiedervereinigung lagen die Kommunen in allen Flächenländern der Bundesrepublik 2017 und dann erneut 2018 im Plus. Steuereinnahmen und Rücklagen erreichten Rekordwerte. Auch bei den Kassenkrediten zeichnet sich nach Jahrzehnten des Anstiegs eine Trendwende ab. Doch hinter den insgesamt guten Gesamtzahlen verbirgt sich ein wachsendes Gefälle. Das zeigt der Kommunale Finanzreport 2019 der *Bertelsmann Stiftung*[8].

Regionale Unterschiede

Auffällig sind regionale Unterschiede. Während Städte, Gemeinden und Kreise vor allem in Bayern und Baden-Württemberg überdurchschnittlich gut dastehen, gibt die wirtschaftliche Lage vieler Kommunen in Nordrhein-Westfalen, Rheinland-Pfalz und im Saarland Anlass zur Sorge. Die Konjunktur vergrößert die Unterschiede in der Steuerkraft.

Bundesweit befinden sich die Kommunen seit 2012 in einer Phase außerordentlicher Stabilität, bedingt durch eine anhaltend starke Konjunktur. Dies spiegelt sich in den Steuereinnahmen der Gemeinden wider, die seitdem um 36 Prozent angestiegen sind. Obwohl das Steueraufkommen flächendeckend wuchs, fiel der Anstieg in den wirtschaftsstarken Kommunen umso höher aus. Die ohnehin bestehenden regionalen Unterschiede verschärften sich weiter. An der Spitze der Steuereinnahmen lagen 2018 die Kommunen in Hessen, Bayern und Baden-Württemberg. Die ostdeutschen Kommunen erreichten hingegen im Durchschnitt nur 61 Prozent des westdeutschen Niveaus.

---

8 https://www.bertelsmann-stiftung.de/de/publikationen/publikation/did/kommunaler-finanzreport-2019 [23.9.2021].

Die Finanzsituation: Ein ständiges Auf und Ab!

(Kurzer) Rückblick auf die letzten Jahrzehnte

Die finanzielle Situation der Kommunen war nicht immer so rosig wie gegenwärtig. Die letzten Jahrzehnte waren eher ein Auf und Ab. Bereits in der ersten Hälfte der 1980er Jahre mussten Städte und Gemeinden finanzielle Einschnitte verschmerzen. Ausschlaggebend war die seit Ende der 1970er, Anfang der 1980er Jahre zunehmende Arbeitslosigkeit, die sich zu einem großen sozialen Problem entwickelte. In Westdeutschland erhöhte sich die Zahl der Arbeitslosen von 1980 bis 1985 von knapp 900.000 auf 2,3 Millionen. Im Februar 1983 erreichte sie den Höchststand von 2,53 Millionen Erwerbslosen (10,7 %) seit Bestehen der Bundesrepublik Deutschland. Die Arbeitslosigkeit entwickelte sich schubartig und verfestigte sich auf einem hohen Niveau. Nach einem Rückgang bis 1991 auf 1,6 Millionen stieg die Arbeitslosenzahl in Westdeutschland bis 1997 auf 2,9 Millionen (11,0 %), in Ostdeutschland auf 1,4 Millionen (19,5 %).

Die hohe Arbeitslosigkeit verursachte stark steigende Sozialausgaben, während die Einnahmen (z. B. die Gewerbesteuer) aufgrund der flauen wirtschaftlichen Lage zurückgingen. Auch in den 1990er Jahren war kein oder nur ein geringes Wachstum zu verzeichnen. Erschwerend für die kommunale Finanzsituation kam hinzu, dass nach der Wende 1989/1990 die neuen Länder ebenfalls in den Finanzausgleich einbezogen wurden.

Wiedervereinigung

Vor der Wiedervereinigung war der Finanzausgleich auf das vergleichsweise geringe Gefälle zwischen den westdeutschen Ländern zugeschnitten. Nach 1989/1990 waren Neuregelungen erforderlich. Bis 1995 wurden die neuen Länder, die erst ab 1. Januar 1995 in vollem Umfang am Finanzausgleich beteiligt wurden, weitgehend durch Bundesmittel unterstützt. 1995 wurde der Finanzausgleich in einem Bund-Länder-Kompromiss neu geregelt. Die Stücke vom »Steuerkuchen« wurden für die Länder und folglich auch für die Kommunen

4 Aufgaben einer Gemeinde

kleiner. Sparmaßnahmen in bisher nicht gekannter Größenordnung waren in diesen Jahren gang und gäbe. Vor und nach der Jahrtausendwende gerieten die kommunalen Haushalte – wie auch im Bund und in den Ländern – durch einen verschärften internationalen Wettbewerb erneut unter Druck. Heimische Standorte wurden aufgegeben, ganze Produktionszweige in Billiglohnländer ausgelagert. Dies hatte merkliche Auswirkungen auf die Gewerbesteuer, eine der Haupteinnahmequellen der Kommunen.

Ab 2005 erholte sich die Wirtschaft spürbar. Das Wachstum stieg und verbesserte die Finanzsituation der Kommunen. Die konjunkturelle Besserung wirkte sich ebenfalls auf den Arbeitsmarkt aus. Durch eine zunehmende Nachfrage nach Arbeitskräften und ein leicht rückläufiges Arbeitskräfteangebot reduzierte sich die Arbeitslosigkeit in den Folgejahren. Vor allem das Jahr 2007 war durch Zuwächse bei den Einnahmen auf Bundes-, Landes- und kommunaler Ebene charakterisiert. Die im September 2008 einsetzende weltweite Finanzkrise, der Zusammenbruch von Banken, Kursverluste an den Börsen und Konjunktureinbrüche blieben für Städte und Gemeinden nicht folgenlos. Nach einer Durststrecke von immerhin vier Jahren zeichnete sich ab 2012 wiederum eine Erholung bzw. Verbesserung der kommunalen Finanzsituation im Bund und im Land ab.

Die finanzielle Entwicklung der Gemeinden und Gemeindeverbände (ohne die Stadtstaaten) hat sich in den von Jahren 2012 bis 2014 bundesweit verbessert. Nach den Einzelmeldungen aller ca. 8700 Gemeinden und Gemeindeverbände in den alten Ländern und ca. 2700 Gemeinden und Gemeindeverbände in den neuen Ländern erzielten die Kommunen im Jahr 2012 erstmals seit 2008 wieder einen Überschuss (mit einem Plus von 2,6 Milliarden Euro). Die westdeutschen Kommunen erzielten einen Überschuss von 2,5 Milliarden, die ostdeutschen Kommunen ein leichtes Plus von 0,1 Milliarden Euro. Auch in den Jahren 2013 und 2014 wurden Überschüsse erzielt. Um aber die Finanzsituation angemessen einschätzen zu können, ist ein Blick auf die Entwicklung der Kassenkredite interessant. Kassenkredite sollen kurzfristig Engpässe bei der Finanzierung der laufenden Aufgaben überbrücken. Die Kassenkredite der Kommunen haben sich bundesweit vom 31.12.2011 bis 2014 von 45 Milliarden Euro auf 49,2 Milliarden Euro erhöht. Dies entspricht einem Anstieg von 9,3 Prozentpunkten (Bundesministerium für Finanzen 2016, S. 102). Dies zeigt die ernste finanzielle Situation einer Anzahl von Städten und Gemeinden. Die eigentlich kurzfristigen Kassenkredite werden dauerhaft zur finanziellen Überbrückung in Anspruch genommen.

Die finanzielle Situation in Baden-Württemberg

Die finanzielle Situation der baden-württembergischen Kommunen war vor der Corona-Pandemie trotz der guten Lage sehr unterschiedlich. Es gibt finanziell gut ausgestattete Städte bzw. Gemeinden und Kommunen, denen nur begrenzte finanzielle Mittel zur Verfügung stehen. Städte und Gemeinden sind immer gut aufgestellt, wenn sich gewinnträchtige Unternehmen angesiedelt haben. Ein Paradebeispiel hierfür ist die badische Kleinstadt Walldorf. Seit 1977 hat die Softwarefabrik SAP ihren Hauptsitz in Walldorf. In der Zentrale arbeiten rund 13.000 Menschen, weltweit über 84.000. Im Jahr 2016 hat das viertgrößte Softwareunternehmen der Welt 22,1 Milliarden Euro umgesetzt. Deshalb kann sich Walldorf die niedrigste Gewerbesteuer in Baden-Württemberg leisten. Die Anziehungskraft von Walldorf steigt, wird aber durch mangelnde Flächen für Unternehmensansiedlungen gebremst (*Der Spiegel*, 15.4.2017).

Sorgenkinder und Musterknaben

Von den 1101 baden-württembergischen Gemeinden waren laut Statistischem Bundesamt im Jahr 2020 immerhin 97 komplett schuldenfrei. Es sind überwiegend Kommunen mit weniger als 10.000 Einwohnern, in der Mehrheit sogar Gemeinden mit unter 5000 Einwohnern. Zu den Gemeinden ohne Schulden mit über 10.000 Einwohnern zählen die Große Kreisstadt Bietigheim-Bissingen

(Kreis Ludwigsburg) – mit ca. 43.000 Menschen die größte schuldenfreie Gemeinde – sowie Erbach (Alb-Donau-Kreis), Lorch (Ostalbkreis) und Engen (Kreis Konstanz). Weitere 55 Kommunen weisen zwar keine »Null-Verschuldung« auf, ihre Pro-Kopf-Verschuldung lag aber bei unter 100 Euro (*Stuttgarter Nachrichten*, 29.8.2021).

Sorgenkinder mit Blick auf die Pro-Kopf-Verschuldung sind in Baden-Württemberg insbesondere die Städte Mannheim (1661 Euro je Einwohner), Heidelberg (1299 Euro je Einwohner) und Ulm (1112 Euro je Einwohner). Auch zahlreiche Schwarzwaldgemeinden stöhnen unter der Schuldenlast (Bertelsmann Stiftung 2015). Dort sind über Jahre hinweg durch hohe Kosten für touristische Einrichtungen erhebliche Verbindlichkeiten aufgelaufen. Darum ist in vielen kleinen Kommunen eine Pro-Kopf-Verschuldung von über 2000 Euro keine Seltenheit.

Die Haushaltssituation im Jahr 2020

Die Kommunen in Baden-Württemberg erlebten durch die Corona-Krise einen markanten Steuereinbruch. Erstmals seit 2010 entstanden wieder Haushaltsdefizite. Die Corona-Pandemie und die sich anschließende Rezession haben die Kommunen Baden-Württembergs im Jahr 2020 finanziell belastet. So brach die Gewerbesteuer ein und es entstanden hohe Mehrkosten in der Pandemie-Bekämpfung.[9]

Durch ein Hilfspaket von Bund und Land konnten jedoch flächendeckende Haushaltsnöte abgewendet werden. Abgeschirmt von den finanziellen Schäden konnten die Kommunen ihre Investitionen weiter aufstocken. Die »Hartz-IV«-Ausgaben blieben auf geringem Niveau. Positiv wirkten die mit über 12 Milliarden Euro sehr hohen Rücklagen vor der Krise.

Die Krisen trafen die Kommunen bei den Einnahmen und Ausgaben. Der größte Effekt war der Rückgang der an die Konjunktur

---

9 https://www.bertelsmann-stiftung.de/de/themen/aktuelle-meldungen/2021/juli/kommunalfinanzen-und-corona-neue-haushaltskrisen-drohen [23.9.2021].

gebundenen Gewerbesteuer. Aber auch bei der Einkommensteuer und den kommunalen Gebühren traten Verluste auf. Der Rückgang der Gewerbesteuer verlief zwischen den Städten je nach Wirtschaftsstruktur sehr unterschiedlich.

Grundsätzlich ist die Steuerkraft der Gemeinden in Baden-Württemberg seit jeher im Ländervergleich hoch. Durch die Stabilisierung der Haushalte konnten die Kommunen ihre Investitionspläne im Jahr 2020 weitgehend unbeschadet umsetzen. Die Investitionen setzten den mehrjährigen Wachstumstrend fort und stiegen um über 20 Prozent zum Vorjahr.[10] Schon immer verzeichnen die baden-württembergischen Kommunen bundesweit mit die höchsten Investitionen. Je Einwohner sind sie zweieinhalb Mal höher als im Saarland. Nur in Bayern liegen sie noch höher.

Die Kassenkredite, quasi der Dispositionskredit der Kommunen, gelten als zentraler Krisenindikator. Sie gehen im Regelfall einher mit hohen Sozialausgaben und Steuersätzen, mit niedrigen Investitionen und allgemein geringen Handlungsspielräumen für die Lokalpolitik. Die Kassenkredite lagen Ende 2020 bundesweit bei 31 Milliarden Euro. Zwei Drittel davon entfallen auf die Kommunen Nordrhein-Westfalens. In Baden-Württemberg war auch 2020 kein wesentlicher Anstieg zu beobachten. Kassenkredite sind im Südwesten der Republik nahezu unbekannt. 1030 Kommunen hatten zum Stichtag 30. September 2020 keine Kassenkredite (Brobeil 2021, S. 49).

Um die Kommunen in der Krise finanziell handlungsfähig zu halten, reagierten Bund und Land im Frühjahr 2020 mit einem Hilfsprogramm. Finanziert wurden sie zum Großteil durch die Aussetzung der Schuldenbremse. Die fiskalisch bedeutsamste Maßnahme war die Erstattung der Ausfälle der Gewerbesteuer für das Jahr 2020 durch Bund und Land gemeinsam. Auf die baden-württembergischen Kommunen entfielen dabei fast 1,9 Milliarden Euro; nach Hessen und Bayern der höchste Betrag. Da die Rezession milder verlief als

---

10 https://www.bertelsmann-stiftung.de/de/themen/aktuelle-meldungen/2021/juli/kommunalfinanzen-und-corona-neue-haushaltskrisen-drohen [23.9.2021].

geschätzt, stand den Kommunen einschließlich der Erstattungen sogar ein höheres Steueraufkommen zur Verfügung als im Vorjahr.[11] Das Jahr 2020 haben die Kommunen durch die Finanzhilfen relativ unbeschadet überstanden. Der Ausblick des Kommunalen Finanzreports fällt trotz des guten Haushaltsjahres 2020 nicht sonderlich positiv aus. Die Studie geht davon aus, dass die Ausgaben der Städte und Gemeinden coronabedingt weiter steigen werden. Auch die Steuereinnahmen werden in den kommenden Jahren niedrig bleiben und sich nur mittelfristig stabilisieren. Bis 2024 wird bundesweit mit einem Defizit von 23 Milliarden Euro für die Kommunen gerechnet. Stabilisierungshilfen durch Bund und Länder können diese angespannte Situation lindern und werden weiterhin unumgänglich sein.

Wohnort Kommune: kommunale Wohnungspolitik

Kommunalpolitik kann die bauliche Entwicklung von Städten und Gemeinden maßgeblich steuern. Die kommunale Selbstverwaltung räumt den Kommunen die Planungshoheit für die Gestaltung ihres Gemeindegebiets ein. Indem sie Bebauungs- und Flächennutzungspläne erstellen, können sie das Wohnumfeld und damit die Wohnqualität beeinflussen. Ein bedarfsgerechtes und vor allem bezahlbares Wohnungsangebot in einem lebenswerten Wohnumfeld hat für die Attraktivität von Kommunen eine große Bedeutung. Obwohl die Bereitstellung von Wohnungsraum grundsätzlich dem freien Wohnungsmarkt überlassen ist, können Kommunen gestaltend in den Wohnungssektor einwirken: Sie können vernachlässigte Wohnquartiere sanieren bzw. als Miteigentümer von Wohnungsbaugesellschaften oder als Eigentümer von Grundstücken und Gebäuden bezahlba-

---

11 https://www.bertelsmann-stiftung.de/de/themen/aktuelle-meldungen/2021/juli/kommunalfinanzen-und-corona-neue-haushaltskrisen-drohen [23.9.2021].

ren Wohnraum schaffen. Städte und Gemeinden können, insofern vorhanden, Bauland ausweisen und erschließen. Im Grundsatz gilt: Jede neue Wohnung, jedes neue Eigenheim im Stadt- oder Gemeindegebiet bringt zusätzliche Einnahmen mit sich.

Die aktuell zu beobachtende Entwicklung auf dem Wohnungsmarkt zeigt, dass die »unsichtbare Hand des Marktes« keineswegs zu einer Verbesserung der Wohnungssituation in den Großstädten geführt hat. Die gestiegene Nachfrage hat zwar zu höheren Preisen geführt, zusätzliches Wohnungsangebot jedoch, das nach der Marktlogik eigentlich folgen müsste, ist weitgehend ausgeblieben. Der Wohnungsmarkt führt ohne (kommunal-)politische Steuerung zu sozialen Ungleichheiten.

Mietenmarkt und Mietpreisbremse

Kommunale Wohnungspolitik ist auch deshalb notwendig, weil es bundesweit erhebliche Ungleichgewichte gibt: Während in den Ballungsräumen der alten Länder preisgünstiger Wohnraum kaum mehr vorhanden ist, stehen teure Eigentumswohnungen und kaum bezahlbare Mietwohnungen leer. Nach der Finanz- und Eurokrise der Jahre 2008/2009 haben die Immobilien- und Wohnungspreise einen deutlichen Preisschub erlebt. Weil Aktien als Risiko wahrgenommen wurden, haben viele Anleger ihr Geld in den Immobilienmarkt – in sogenanntes Betongold – investiert. Nicht zuletzt aufgrund der niedrigen Zinsen ist in Deutschland das Interesse gewachsen, in Immobilien zu investieren. Allerdings konzentriert sich die Nachfrage von Investoren auf Ballungsräume. Gekauft wurden vor allem bereits bebaute Grundstücke, weil dort ohne zeitliche Verzögerung (z. B. durch lange Bauzeiten) mit der »Verwertung« begonnen werden konnte. Mit den Immobilienpreisen sind auch die Mieten angestiegen. Dies gilt weniger für Bestandsmieten; d. h. Mieter, die ihre Wohnung nicht wechseln, sind durch das Mietrecht vor allzu hohen Preissteigerungen geschützt. Bei Neuverträgen hingegen sind die Vermieter bei der Preisgestaltung weitgehend frei. Von den Mietsteigerungen sind in aller Regel Mietsuchende betroffen. In größeren Kommunen ist daher die Aufstellung eines Mietspiegels sinnvoll. Der Mietspiegel ist die ortsübliche Vergleichsmiete, die sich aus Größe und Ausstattung, Lage und Baujahr einer Wohnung ergibt. Ein Mietspiegel bietet einen Orientierungsrahmen über die Höhe der üblicherweise gezahlten Mieten für verschiedene Wohnungstypen. Wohnungssuchende haben dadurch Vergleichsmöglichkeiten und können überzogene Mietpreise umgehen.

Auch die Wirkung der Mietpreisbremse auf allzu hohe Mieten ist umstritten. Baden-Württembergs Landesregierung hat bereits im Sommer 2015 insgesamt 68 Städte und Gemeinden als Kommunen mit angespanntem Wohnungsmarkt erklärt, in denen die Mietpreisbremse gelten soll. Am 26. Mai 2020 beschloss die Landesregierung eine neue Mietpreisbremse. Die grün-rote Landesregierung hatte beim Erlass der Mietpreisbremse im November 2015 die Begründung für die Regelung nicht veröffentlicht. Aufgrund dieses Formfehlers erklärte das Landgericht Stuttgart die Mietpreisbremse des Jahres 2015 im Nachhinein für unwirksam. Die neue Mietpreisbremse, die nach der Verkündung im Gesetzesblatt des Landes Baden-Württemberg ab dem 4. Juni 2020 gilt, soll für 89 Städte und Gemeinden Geltung haben. Die Mietpreisbremse gilt jedoch nur für neu abzuschließende Verträge ab dem 4. Juni 2020. Umgekehrt bedeutet dies, dass die Mietpreisbremse nicht auf Mietverträge anzuwenden ist, die vor Inkrafttreten der neuen Verordnung bereits abgeschlossen waren. Hier gilt die frühere Rechtslage, d. h. die frei vereinbarten Mieten haben Bestand.

Die Mietpreisbremse soll sprunghafte Mieterhöhungen verhindern. In diesen ausgewiesenen Kommunen dürfen die Mietpreise bei Mieterwechseln nur noch zehn Prozent über der ortsüblichen Vergleichsmiete liegen. Bei Neubauten und nach umfassender Modernisierung gilt das allerdings nicht. In der Realität wird die Mietpreisbremse jedoch durch das knappe Angebot an Wohnungen ausgehebelt. Durch die desolate Situation am Wohnungsmarkt werden viele Verträge mit überhöhten Mieten unterschrieben. Mehrere Studien belegen, dass die Mietpreisbremse ihre Wirkung weitgehend verfehlt. Die Mietpreisentwicklung hat sich nach der Einführung der Mietpreisbremse nicht abgeflacht. Und nicht immer verhalten sich

Vermieter regelkonform. Die Mietpreisbremse ist so ausgestaltet, dass der Mieter aktiv werden muss, wenn die vom Vermieter angesetzte Miete zu hoch ist (Egner 2019, S. 98). In Zeiten angespannter Wohnungsmärkte wird es sich jeder Mieter zweimal überlegen, ob er eine Auseinandersetzung mit dem Vermieter wagt.

»Renaissance der Städte«

Ein weiterer Trend treibt vor allem in den Städten die Immobilienpreise und Mieten in die Höhe. Seit 2005 spricht man von einer »Renaissance der Städte«. Städte gewinnen als Wohnorte aus mehreren Gründen wieder an Attraktivität:

- Neue Arbeitsplätze entstehen vor allem im Dienstleistungssektor, der eher in Städten angesiedelt ist. Gut ausgebildete und zahlungskräftige Arbeitnehmer der Dienstleistungsbranche ziehen vermehrt in Städte.
- Hohe Benzinkosten, Staus und unzureichende Zuschüsse für Einpendler machen das Wohnen in der Stadt wieder attraktiv. Im Unterschied zu früheren Jahren, in denen eine Abwanderung in das Umland zu beobachten war, ist das Wohnen in der Stadt wieder nachgefragt.
- Hochschulen und Universitäten in Städten steigern die studentische Nachfrage nach Wohnungen.
- Immer mehr Senioren zieht es vermehrt in Städte. Im Gegensatz zum ländlichen Raum bieten Städte gerade für ältere Menschen aufgrund der kurzen Wege bessere Einkaufsmöglichkeiten. Kultur- und Freizeitangebote sowie bedarfsgerechte Einrichtungen der Gesundheitsvorsorge erleichtern das Leben im Alter. Ein Teil der derzeitigen Rentnergeneration ist finanziell gut ausgestattet und kann sich hohe Immobilienpreise oder Mieten leisten.

Aufgrund dieses Trends gehören die Immobilienpreise und Mieten in und um Stuttgart mit zu den höchsten in ganz Deutschland. Baden-

Württemberg ist längst nicht mehr, wie oft ironisch (oder neidisch) behauptet wird, der »Einfamilienhaus-Baumeister«. Für Bezieher mittlerer und geringer Einkommen bleibt der Kauf von eigenem Wohnraum oder gar einem Eigenheim meist eine Wunschvorstellung. Drängende Probleme sind nicht nur die ungleiche Versorgung mit Wohnraum, sondern vor allem in den Ballungsräumen die Höhe der Mieten und das Fehlen von preiswertem Wohnraum. In Stuttgart sind die Mieten und Preise für Wohneigentum 2021 auf neue Rekordwerte gestiegen. Ein Hamburger Forschungs- und Beratungsunternehmen gab nach einer Auswertung von Mietspiegeln bekannt, dass Stuttgart 2020 die teuerste Großstadt im Coronajahr blieb mit durchschnittlich 10,38 Euro Nettokaltmiete pro Quadratmeter. Eine vierköpfige Familie beispielsweise, die mit 2000 Euro im Monat auskommen muss und eine Wohnung mit 100 Quadratmetern sucht – und damit deutlich unter dem Durchschnittsverbrauch von 47 Quadratmetern pro Person liegen würde – müsste über 1000 Euro fürs Wohnen bezahlen (*Stuttgarter Nachrichten, 27.3.2021*).

2016 hat ein Quadratmeter neue Wohnfläche in Stuttgart im Schnitt 5430 Euro gekostet. In der Innenstadt ist dieser Wert nun auf durchschnittlich 7000 Euro gestiegen. Im ersten Quartal des Jahres 2021 zogen die Preise für Neubauwohnungen auf 7668 Euro an. Durchschnittsverdiener werden so aus der Stadt verdrängt und wandern ins Umland ab. Aber auch im »Speckgürtel« von Stuttgart ist die Preissituation mit 6000 bis 7000 Euro pro Quadratmeter Neubau immens hoch (*Stuttgart Zeitung, 23.6.2021*).

Vor allem Familien sehen bei solchen hohen Wohnungs- und Immobilienpreisen wieder vermehrt das Umland als Wohnalternative. Diese Standortentscheidungen sind Kompromisse zwischen individuellen Wohnwünschen und der Bezahlbarkeit des Wohnens. Nachteile wie zunehmende Pendeldistanzen werden dabei in Kauf genommen.

Verkehrsexperten befürchten dadurch nicht nur einen Anstieg der Pendlerzahlen und des Verkehrsaufkommens. Allzu weite Pendelstrecken sind aus klimapolitischen Gründen unverantwortlich und befördern die Problematik der Schadstoffbelastung in der Innenstadt.

Hohe Wohnkosten sind gleichzeitig auch ein Standortnachteil für die Region Stuttgart. Der Arbeitskräftebedarf kann nur gedeckt werden, wenn Menschen bezahlbaren Wohnraum in der Nähe ihres Arbeitsplatzes finden. Finden gefragte Berufsgruppen keine bezahlbare Wohnung mehr, sind sie nicht bereit, in Stuttgart überhaupt eine Arbeitsstelle anzutreten.

Die (kommunale) Wohnungspolitik hat in den letzten Jahren einen merklichen Bedeutungszuwachs erfahren. So erklären sich auch die Themen, die den Stuttgartern bei der Oberbürgermeisterwahl im Jahr 2020 unter den Nägeln brannten: 64 Prozent nannten bei einer Umfrage »bezahlbare Mieten« als wichtigste Aufgabe des neuen Oberbürgermeistern, gefolgt von 53 Prozent, die »mehr Wohnungsbau« anmahnten. (*Stuttgarter Nachrichten*, 2.11.2020).

Sozialer Wohnungsbau

Einer Studie aus dem Jahr 2013 zufolge fehlen bundesweit 4,2 Millionen Sozialwohnungen (Pestel Institut 2013). Im Jahr 2020 ist die Zahl der Sozialwohnungen bundesweit erneut um 2,3 Prozent gesunken. Unterm Strich gab es ca. 26.400 Wohnungen mit Sozialbindung weniger als im Jahr 2019. Insgesamt wurden im Jahr 2020 bundesweit knapp 1,13 Millionen Sozialwohnungen verzeichnet. 2019 waren es noch knapp 1,16 Millionen, und 1990 gab es in Deutschland immerhin rund drei Millionen Sozialwohnungen. Der *Deutsche Mieterbund* forderte unlängst, es müssten jährlich 80.000 Sozialwohnungen bundesweit gebaut werden (*Frankfurter Allgemeine Zeitung*, 10.9.2021).

Auch in Baden-Württemberg ist die Zahl der Sozialwohnungen gesunken. Eine Vollerhebung gab es zuletzt im Jahr 2017. Damals wurde der Bestand bei den rund 1100 Städten und Gemeinden im Land abgefragt. Das Ergebnis belief sich auf 58.400 Wohnungen. Belastbare aktuelle Zahlen gibt es nicht. Schätzungen gehen Ende 2019 nur noch von 53.800 Wohnungen aus. 2019 wurden mit Hilfe von Landesmitteln 891 neue Sozialwohnungen gebaut. Experten halten dies aber nicht für ausreichend und kritisieren, dass Baden-Württemberg die Investitionen in Sozialwohnungen lange Zeit verschlafen habe. Sie gehen von einem höheren Bedarf aus und nennen die Zahl von jährlich mindestens 1500 neu zu bauenden Sozialwohnungen (*Stuttgarter Nachrichten*, 1.3.2020).

Auch die Landeshauptstadt ist hier keine Ausnahme: Unlängst hat die Stadt Stuttgart den Vermietern von Sozialwohnungen Preise von bis zu neun Euro pro Quadratmeter und Monat erlaubt. In aller Regel kommen zu jedem Quadratmeter noch zwei Euro Betriebskosten hinzu. Der Stuttgarter Mieterverein kritisierte, dass eine Dreizimmerwohnung durchschnittlicher Größe ohne Heizung ca. 800 Euro im Monat kostet und damit für Mieter, die auf Sozialhilfe angewiesen sind, unerschwinglich ist. Obwohl in der Landeshauptstadt dringend günstige Wohnungen benötigt werden, sind seit 2016 – so der *Mieterverein Stuttgart* – keine Sozialwohnungen errichtet worden (*Stuttgarter Nachrichten*, 11.4.2017). Anders hingegen die Verlautbarung der Stadtverwaltung, die Anfang 2016 ankündigte, in den nächsten zwei Jahren den Bau von 600 Sozialwohnungen mit sechs Millionen Euro zu fördern.[12]

In Städten sind oftmals 40 bis 50 Prozent aller Haushalte aufgrund ihres Einkommens zum Bezug einer Sozialwohnung berechtigt. Hohe Mieten und mangelnder Wohnraum sind längst nicht nur ein Problem der Großstädte. Es geht längst nicht mehr nur um »Hartz-IV«-Empfänger oder Flüchtlinge. Menschen mit eher geringem Einkommen (z. B. Krankenschwestern, Friseurinnen, Verkäuferinnen) können die Mieten kaum noch bezahlen. Der steigenden Zahl einkommensschwacher Haushalte steht ein immer geringer werdendes Angebot an preiswertem Wohnraum gegenüber. Auch in Stuttgart gibt es mehr Berechtigte für sozial geförderte Wohnungen als zur Verfügung stehender Wohnraum. Die Stadt behilft sich mit einem Punktesystem, das die Dringlichkeit der Fälle vergleichbar machen soll. Bestimmte Lebensumstände bringen eine bestimmte Punktzahl:

---

12 http://www.stuttgarter-zeitung.de/inhalt.wohnungsbau-in-stuttgart-gibt-es-genuegend-geld-fuer-sozialwohnungen.239e7336-be1a-477e-b520-6931c2b066f6.html [13.4.2017].

gesundheitsgefährdende Wohnverhältnisse 40 Punkte, eine allzu kleine Wohnung (in der jeder Bewohner weniger als 15 Quadratmeter hat) 20 Punkte. Alleinerziehende bekommen 15 Punkte und für die Wartezeit gibt es im ersten Jahr alle drei Monate einen weiteren Punkt. Laut Angaben der Stadtverwaltung hat man ab 60 Punkten die Chance, in eine städtische Sozialwohnung einziehen zu dürfen.[13]

Rahmenbedingungen der Wohnungspolitik

Der Bund schafft zwar durch das Baurecht, das Mietrecht- und das Steuerrecht die Rahmenbedingungen der Wohnungspolitik. Die Kommunen haben aber die Möglichkeit, die Bau- und Wohnraumpolitik vor Ort in mehrerer Hinsicht zu gestalten (Frech/Reschl 2010, S. 8 f.). Aufgrund der aktuellen Situation auf dem Immobilien- und Wohnungsmarkt müssen Städte und Gemeinden ihre Wohnungspolitik auf drei Bereiche konzentrieren. Mit Blick

- auf die Quantität müssen sich Kommunen um die mengenmäßige Versorgung mit Wohnungen kümmern. Es stellt sich die Frage, ob es genügend Wohnraum für ältere Menschen, für Singles, Familien und für sozial schwächere Gruppen gibt. Eine gute Wohnungspolitik muss sich an einer möglichst hohen Quote der Versorgung mit Wohnungen messen lassen. Dies setzt in den Kommunen selbst eine zügige Ausweisung von Bauflächen voraus. Ein Dilemma ergibt sich durch die Tatsache, dass Boden endlich ist und der Flächenverbrauch reduziert werden sollte. Ein Mittelweg besteht darin, innerorts für Wohnbebauung Baulücken zu schließen und Brachland zu nutzen. Gleichzeitig wird die Forderung immer lauter, in die Höhe zu bauen, d. h. flache Bauten aufzustocken.

---

13 http://www.stuttgarter-nachrichten.de/inhalt.punkteliste-der-stadtverwaltung-so-schwer-ist-es-in-stuttgart-eine-sozialwohnung-zu-kriegen.83d9d1b6-4eb5-4b86-bfbv4-bd5534b85a83.html [13.4.2017].

- auf die Qualität müssen Kommunen für eine angemessene Ausstattung und Instandhaltung älterer Häuser und Quartiere sorgen. »Angemessene« Instandhaltung meint, sogenannte Luxussanierungen zu vermeiden. Durch Luxussanierungen werden die ursprünglichen Mieter durch zahlungskräftigere Mieter verdrängt. Ziehen die »A-Gruppen« (Anwälte, Ärzte, Architekten und Akademiker) in die sanierten Stadtviertel, werden Alteingesessene häufig verdrängt. Oft wird auch Wohnraum für Dienstleistungsbetriebe (z. B. Kanzleien für Rechtsanwälte oder Steuerberater, Versicherungsagenturen) umfunktioniert. Auch die Sanierung brachliegender Flächen erhöht die Wohnqualität von Kommunen. Kommunen müssen ihren gesamten Wohnungsbestand samt dem Wohnumfeld flächendeckend pflegen. Ansonsten besteht die Gefahr, dass sich soziale Probleme in baulich heruntergekommenen und unterversorgten Stadt- oder Ortsteilen konzentrieren.
- auf die soziale Gerechtigkeit sind angemessene Wohnungen für sozial schwächere Haushalte sicherzustellen. Die Zahl derer, die sich auf dem freien Wohnungsmarkt aufgrund knapper finanzieller Mittel nicht behaupten können, ist im Wachsen begriffen.

Widerstreitende Interessen

Wenn Kommunen eine aktive Sanierungspolitik betreiben, können sie mit Fördermitteln des Landes rechnen. Eine kleinere Gemeinde im Rems-Murr-Kreis hat unlängst für die Ortskernsanierung eine Fördersumme von weiteren 550.000 Euro erhalten. Für die Revitalisierung einer Industriebrache, die von den Einwohnern einhellig begrüßt wird, wurden bereits im Vorjahr (2016) 800.000 Euro bewilligt. Die Aufstockung der Fördersumme erklärt sich – so der Bürgermeister – nur durch eine gut durchdachte Sanierungskonzeption (*Backnanger Zeitung*, 11.4.2017).

Weniger harmonisch ging es in einem Nachbarort zu. Dort sollte auf zweieinhalb Hektar Fläche ein neues Baugebiet entstehen. Während Bürgermeister und Verwaltung das Vorhaben befürworteten, mehrten sich die gegnerischen Stimmen der Anwohnerschaft. Die Gegner argumentierten mit einer starken Zunahme des Verkehrs, mit mehr Emissionen und mit den Belästigungen durch die Jahre andauernde Bautätigkeit. Nicht nur die Sorge um die Lebensqualität wurde in die Waagschale geworfen, ebenso wurde mit der Zersiedlung und den Folgen für die Natur argumentiert. Bürgermeister, Verwaltung und ein Teil des Gemeinderats brachten 48 aktenkundige Bewerbungen um Bauplätze ins Spiel und sorgten sich um die Abwanderung von Bürgern in Nachbargemeinden, die bereits große Baugebiete ausweisen.[14] Letztlich wurde das Baugebiet trotz Widerspruch von Bürgern vom Gemeinderat beschlossen.

Vielerorts tun sich Kommunalpolitiker schwer, große oder auch nur kleine Bauvorhaben durchzusetzen. In Emmendingen bei Freiburg wurde 2016 per Bürgerentscheid der Bau von Wohnungen für 1500 Menschen verhindert, in Stutensee bei Karlsruhe der Plan für ein neues Wohngebiet. In München formierte sich Widerstand gegen zwei Stadterweiterungen im Norden und Nordosten der bayerischen Landeshauptstadt (*Der Spiegel*, 6.2.2019). Im Februar 2019 stimmten Bürger über das geplante Baugebiet Dietenbach, westlich der Freiburger Innenstadt gelegen, ab. Von den Abstimmenden votierten 60 Prozent für das neue Baugebiet.

Die kontroversen Debatten zeigen, dass kommunale Wohnungspolitik sich gelegentlich im Spannungsfeld widerstreitender Interessen bewegt.

Wirtschaftsstandort Kommune

Arbeiten und Wohnen sind für die Bewohner einer Kommune unverzichtbare Notwendigkeiten. Die Schaffung und der Erhalt von

---

14 http://www.bkz-online.de/node/955495 [13.4.2017].

Arbeitsplätzen sind eine Kernaufgabe der Kommunalpolitik. Arbeitsplätze werden durch Industrie, Handwerk, Handel und Dienstleistungsunternehmen geschaffen. Der Dienstleistungssektor »bedient« unternehmensbezogene Dienstleistungen (Rechts-, Steuer- und Unternehmensberatung) und auf Personen bezogene Dienstleistungen (z. B. Sozial- und Gesundheitsbereich).

Wirtschaftsförderung

Jeder Arbeitsplatz bedeutet für die Kommune eine zusätzliche Einnahmequelle. Wenn es gelingt, Unternehmen an Städte und Gemeinden zu binden, verbessern sich die kommunalen Einnahmen. Zugleich wird die Wettbewerbsfähigkeit des Standortes gestärkt. Globalisierung und Internationalisierung haben in den letzten Jahren zu einem verschärften Wettbewerb um ansiedlungswillige Unternehmen geführt. Städte, Gemeinden und Landkreise sind deshalb bemüht, Unternehmen und Betriebe am Ort zu halten und zu fördern. Hier sind unterschiedliche Fördermaßnahmen denkbar: z. B. die preiswerte Bereitstellung von Gewerbeflächen, die Schaffung eines guten Wirtschaftsklimas, Maßnahmen des Stadtmarketings oder die Verbesserung der Verkehrsinfrastruktur. Alle diese Maßnahmen fallen in die Zuständigkeit der Wirtschaftsförderung. Mitarbeiter der Wirtschaftsförderung sind Ansprechpartner für alle Wirtschaftsfragen, Ratgeber in Fragen der Finanzierung und Förderung, Vernetzungsagentur von Wirtschaftsfachleuten sowie Ideen- und Impulsgeber.

Trotz Globalisierung und Internet sind wirtschaftliche Tätigkeiten von Industrie, Handwerk, Handel und Dienstleistungsunternehmen immer noch an einen Standort gebunden. Von dieser Standortgebundenheit profitieren die Kommunen nicht zuletzt in Form der Gewerbesteuer.

Das Wirtschaftsthema steht noch aus einem weiteren Grund dauerhaft auf der kommunalpolitischen Tagesordnung: Der Strukturwandel der Wirtschaft, die Übernahme heimischer Traditionsunternehmen durch internationale Konzerne, die Auslagerung von Standorten in Billiglohnländer und damit einhergehende Entlassungen bescherten vielen Kommunen in den letzten Jahren stagnierende Einnahmen. Ein mangelndes Angebot an Arbeitsplätzen gefährdet unter Umständen auch den Einwohnerbestand. Dies war nach der Wende in den neuen Ländern zu beobachten. In den ersten Jahren nach dem Fall der Mauer waren die Abwanderungszahlen durch den nur zögerlichen wirtschaftlichen Aufbau in den neuen Ländern enorm hoch.

Baden-Württembergs wirtschaftliche Situation schneidet im bundesweiten Vergleich gut ab. Die Wirtschaftskraft beruht auf den Säulen Industrie, Handel und Dienstleistungen. Die Bedeutung der Industrie hat seit den 1970er Jahren langsam aber stetig abgenommen, während der Dienstleistungsbereich ca. 60 Prozent der Wirtschaftskraft umfasst. Nicht zuletzt die Exportorientierung Baden-Württembergs ist für die Lebensqualität der Menschen bedeutsam. Die baden-württembergische Exportquote – der Anteil des Exportvolumens am Bruttoinlandsprodukt – betrug im Jahr 2020 rund 38 Prozent. Dementsprechend hängt das wirtschaftliche Wachstum des Landes in besonderem Maße von den Auslandsgeschäften ab, und rund jeder dritte Beschäftigte arbeitet direkt oder indirekt für den Export. Mit einem Anteil an der Gesamtausfuhr von rund 41 Prozent waren Kraftfahrzeuge und Maschinen auch 2020 mit Abstand die wichtigsten Exportgüter.

Aufgrund der Corona-Pandemie sanken die Warenausfuhren im Jahr 2020 jedoch um 7,3 Prozent gegenüber dem Vorjahr auf 190 Milliarden Euro. Je Einwohner exportierte das Land im Jahr 2020 17.100 Euro.[15]

---

15 https://wm.baden-wuerttemberg.de/de/wirtschaft/wirtschaftsstandort/aussenwirtschaft/exportland-bw/ [23.9.2021].

4 Aufgaben einer Gemeinde

Obwohl Großunternehmen wie Daimler, Porsche oder Bosch Baden-Württemberg weltweit bekannt gemacht haben, ist der Südwesten dennoch ein Land der Mittelständler und des Handwerks. In keinem anderen Bundesland gibt es so viele Kleinstbetriebe und mittelständische Unternehmen mit 50 bis 250 Mitarbeitern. Allein im Handwerk waren 2017 über 700.000 Personen in 80.000 Handwerksbetrieben beschäftigt.[16] Wirtschaftliche Erfolge werden aber nicht nur in der Fläche erzielt. In den industriellen und dienstleistungsorientierten Ballungsräumen (Region Stuttgart, Region Rhein-Neckar/Mannheim, Region Mittlerer Oberrhein/Karlsruhe) konzentriert sich knapp die Hälfte der Produktion des Landes und ein Drittel der Einwohner.

Allein die Region Stuttgart, die zu den am höchsten entwickelten Regionen der EU gehört, erwirtschaftet mit 27,8 Prozent der Beschäftigten ca. 30 Prozent der Wirtschaftsleistung des gesamten Landes. In der Region Stuttgart gibt es fast 127.000 Unternehmen und über 133.000 Betriebsstätten. Deren Anzahl ist in den letzten Jahren insgesamt weitgehend konstant geblieben. Unter den einzelnen Wirtschaftszweigen stellen die freiberuflichen, wissenschaftlichen und technischen Dienstleistungen sowie der Groß- und Einzelhandel einschließlich Kfz-Instandhaltung und Kfz-Reparatur die größte Gruppe dar. Über 90 Prozent aller Unternehmen haben weniger als zehn Mitarbeiter, vereinen aber gut zehn Prozent aller Beschäftigten auf sich. Fast 60 Prozent der Beschäftigten sind bei Großunternehmen mit mehr als 250 Mitarbeitern tätig, obwohl diese landesweit auf einen Anteil von nicht einmal ein Prozent an allen Unternehmen kommen.[17]

---

16 http://www.statistik.baden-wuerttemberg.de/Presse/Pressemitteilungen/2016331 [10.4.2017].
17 https://www.stuttgart.ihk24.de/blob/sihk24/standort_region_stuttgart/fakten/Statistik_nach_Themen/Unternehmensstatistik/690064/bedaf78d344e787cef954adc4baf072a/Unternehmen_Betriebe_und_Beschaeftigte-data.pdf [06.4.2017].

Kommunale Wirtschaftsförderung

Der Erhalt der Wirtschaftskraft erfordert in Städten und Gemeinden permanente Anstrengungen, um eine krisenfeste und möglichst breit aufgestellte Wirtschaft anzustreben. Dies ist die Aufgabe der Wirtschaftsförderung. Unter den Begriff »Wirtschaftsförderung« fallen alle Anstrengungen, die Wirtschaftsstruktur einer Kommune oder eines Landkreises zu erhalten und zu beleben (s. Textkasten). Ist die Förderung erfolgreich, so wirkt sich dies positiv auf die Steuereinnahmen und die Attraktivität des Standorts aus. Kommunale Wirtschaftsförderung hat mehrere Ziele. Eine Untersuchung des *Deutschen Landkreistages* ermittelte eine klare Rangfolge wirtschaftsfördernder Maßnahmen: Für 82 Prozent der befragten Landkreise nimmt die Bestandsentwicklung und -pflege die Schlüsselposition ein (Deutscher Landkreistag 2013, S. 7). Ein weiteres Ziel ist die Unterstützung von Unternehmen, die sich ansiedeln wollen und einen geeigneten Standort mit einer guten Infrastruktur suchen. Des Weiteren geht es um die Unterstützung bei Existenzgründungen, d. h. um die Beratung und Förderung all jener, die ein neues Unternehmen aufbauen wollen. Ein besonderes Augenmerk richtet die Wirtschaftsförderung auf Wachstumsbranchen: die Informations- und Kommunikationstechnologie, die Gesundheitswirtschaft, Logistik, Dienstleistungen für Unternehmen und Forschung sowie Mess-, Steuer- und Regeltechnik.

> **Wirtschaftsförderung konkret:**
> »Acht Jahre war [Markus] Beier Kreis-Wirtschaftsförderer an Rems und Murr und damit tonangebend in der elfköpfigen Stabsstelle mit den Schwerpunkten Wirtschaftsförderung, Tourismus, Europa und Integration. Er versteht sich als ›Lotse und Netzwerker‹ für die Unternehmen im Landkreis. [...] Die Stabsstelle ist ein Kooperationsprojekt zwischen der Wirtschaftsförderung der Region, dem Landkreis und der Kreissparkasse. [...] Seit 2009 ist es bundesweit

4 Aufgaben einer Gemeinde

und auch im Kreis wirtschaftlich nur noch bergauf gegangen, resümiert Beier heute. Dabei klingt ein bisschen das Wundern darüber durch, dass der positive Wirtschaftszyklus entgegen allen Erfahrungen aus der Vergangenheit nun schon so lange anhält. Der 42-Jährige unterfüttert die Einschätzung mit Zahlen. Von 2011 bis 2015 hat der Rems-Murr-Kreis ein Beschäftigungswachstum von 9 Prozent vorzuweisen, die Arbeitslosenquote ist historisch niedrig, die Bevölkerung ist in diesem Zeitraum um knapp 3 Prozent gewachsen. Der starke heimische Mittelstand und dank einer boomenden Baukonjunktur auch das Handwerk sind Rückgrat der positiven Entwicklung. Heute hätten die Unternehmen eine sehr viel bessere Eigenkapitalausstattung als vor der Finanzkrise, freut sich Breier. Und doch werden die Herausforderungen nicht geringer. Das ganz große Thema ist die Digitalisierung Stichwort Wirtschaft 4.0. Da sind dicke Bretter zu bohren. [...] Bei den ›klassischen‹ Aufgaben der Wirtschaftsförderung sieht Beier den Kreis gut aufgestellt. Er nennt Innovationsförderung [...], Standortmarketing für die Wirtschaft und für Kommunen, Fördermittelberatung für Unternehmen und – ganz wichtig – den Einsatz für junge Menschen, die sich am Übergang von der Schule zum Beruf befinden. Der zweifache Familienvater nennt Veranstaltungen wie ›Fokus Beruf‹, mit denen die Unternehmen nicht zuletzt ihre künftigen Fachkräfte binden wollen.«
(*Backnanger Zeitung*, 22.4.2017)

Für Ansiedlungen und Unternehmensgründungen ist ein ganzes Bündel von Fragen entscheidend: Wie ist die räumliche Lage der Kommune (Ballungszentrum, Randzone, ländlicher Raum)? Wie ist die Verkehrsinfrastruktur (Zufahrtsmöglichkeiten für Lieferanten sowie öffentlicher Nahverkehr für Kunden, Parkplatzangebot) beschaffen? Wie sieht der lokale Arbeitsmarkt aus? Gibt es Flächenreserven im Stadt- oder Gemeindegebiet? Wie hoch sind die Grundstückspreise? Wie ist die kommunale Wirtschaftsstruktur beschaffen (Branchen, Großbetriebe oder eher kleine und mittlere Betriebe)? Dementsprechend vielfältig ist das Aufgabenspektrum der kommunalen Wirtschaftsförderung. So bietet die Wirtschaftsförderungsstelle der Landeshauptstadt Stuttgart mehrere Aufgabenschwerpunkt an, die sich auf eben diese Fragen konzentrieren (▸ Tab. 7):

Tab. 7: Aufgabenspektrum der Wirtschaftsförderung der Stadt Stuttgart

Aufgaben und Dienstleistungen	Arbeitsschwerpunkte
Existenzgründung, Unternehmensentwicklung	Die Wirtschaftsförderung betreut die Ansiedlung neuer Unternehmen, vermittelt Kontakte vor Ort, aber auch die Vergabe öffentlicher Finanzhilfen.
Kreativwirtschaft	Mit über 4500 Unternehmen ist die Kreativwirtschaft (Architektur, Design, Fotografie, Event-Management, Film, Fernsehen, Hörfunk, IT, Werbung, PR, Journalismus, Musik und Verlage) ein wichtiger Teil von Stuttgarts Wirtschaft. Ziel der Förderung ist es, die Infrastruktur für Kreativschaffende zu stärken, Zuzüge und Gründungsinitiativen zu fördern.
Leerstands- und Zwischennutzungsmanagement	Die Wirtschaftsförderung Stuttgart vermittelt leerstehende Büro- oder Gewerbeflächen zur Zwischennutzung an Dienstleister, Unternehmen und Existenzgründer. Der Service richtet sich insbesondere an kreative Nutzer sowie an Eigentümer, Vermieter und Investoren, die leerstehende Räume zu günstigen Konditionen auf Zeit anzubieten haben.
Investoren, Ansiedlungen und Bestandsentwicklung	Die Wirtschaftsförderung berät und unterstützt Investoren, Stuttgarter Unternehmen sowie ansiedlungswillige Firmen, die sich für geschäftliche Aktivitäten in Stuttgart interessieren und die auf der Suche nach Investitionsprojekten, Immobilien, passenden Betriebs- oder Büroflächen in Stuttgart sind.
Wirtschaftsverkehr und Innenstadtlogistik	Etwa ein Viertel des Verkehrsaufkommens wird vom Wirtschaftsverkehr verursacht. Sowohl das Verhalten der Unternehmen, die immer stärker auf eine eigene Lagerhaltung verzichten, wie auch der Bürger, die ihr Einkaufsverhalten geändert haben und zunehmend auf eine

4 Aufgaben einer Gemeinde

Tab. 7: Aufgabenspektrum der Wirtschaftsförderung der Stadt Stuttgart
– Fortsetzung

Aufgaben und Dienstleistungen	Arbeitsschwerpunkte
	direkte Belieferung Wert legen, verlangt eine Optimierung der (inner-)städtischen Verkehrsinfrastruktur.
Service International	Die Region Stuttgart ist die High-Tech-Region Nr. 1 in Europa und die wirtschaftsstärkste Metropolregion in Deutschland. Die Wirtschaftsförderung unterstützt internationale Unternehmen bei der Ansiedlung in Stuttgart oder der Suche nach Kooperationspartnern.
Stadtteilmanagement	In der Landeshauptstadt Stuttgart gibt es in den 23 Stadtbezirken gewachsene Ortszentren. Der in den letzten Jahrzehnten eintretende Strukturwandel ist auch hier zu beobachten. Insbesondere in Ortszentren ist vermehrt Leerstand zu beobachten. Aus diesem Grund ist die Stärkung vorhandener Handels- und Gewerbestrukturen wichtig, um eine stadtteilnahe Versorgung zu sichern.
Landwirtschaft	Die knapp 200 in Stuttgart ansässigen Landwirte übernehmen für eine sehr große Stadtfläche von etwa 2500 Hektar Verantwortung. Damit tragen sie maßgeblich zur Landschaftspflege, zum Erhalt der Kulturlandschaft und der Naherholung bei. Die Wirtschaftsförderung steht Stuttgarter Landwirten als Ansprechpartner und ›Kümmerer‹ für städtische Belange zur Seite.

Quelle: https://www.stuttgart.de/wirtschaftsfoerderung

Die verschiedenen Arbeitsschwerpunkte zeigen nicht nur die Vielfalt der Aktivitäten zum Erhalt der wirtschaftlichen Attraktivität Stuttgarts. Sie verdeutlichen auch die Vielzahl der Akteure, die überörtlich in die verschiedenen Maßnahmen der Wirtschaftsförderung eingebunden sind. Es geht darum, unterschiedliche Akteure zusammenzubringen, um für alle Beteiligten nützliche Lösungen zu entwickeln. Dies sind zum einen die ortsansässigen Unternehmen, Industrie- und

Handwerkskammern, Berufsverbände, zum anderen Hochschulen, Arbeitsagenturen und Banken. Durch ein erfolgreiches Zusammenspiel dieser Akteure können Städte ihre Wirtschaftskraft erhalten und vor allem weiterentwickeln. Die Folgen sind ein Zuwachs an Arbeitsplätzen, an Steuerkraft und Kaufkraft, ein gutes Lohnniveau, niedrige Arbeitslosenzahlen und ein großes Angebot von Dienstleistungen. Damit sind aber für die Einwohner auch hohe Lebenshaltungskosten und Bodenpreise sowie ein umkämpfter Wohnungsmarkt verbunden.

Beispiel Pop-up-Store

Was macht aber nun die Wirtschaftsförderung genau? Wie sieht die Arbeit der Wirtschaftsförderer aus? Ein Beispiel aus dem Aufgabenbereich »Leerstands- und Zwischennutzungsmanagement« (▶ Tab. 7) soll dies verdeutlichen. Dieser Arbeitsbereich geht auf den ersten Blick ungewöhnliche Wege. Leerstehende Wohnungen sind im Grunde totes Kapital. Dies gilt nicht nur für Wohnraum, sondern auch für Gewerbeimmobilien. Die Wirtschaftsförderung versteht sich hier als Schnittstelle zwischen potenziellen Mietern und Eigentümern oder Maklern. Bisher war es Einzelhändlern nicht möglich, nur für kurze Zeit ein geeignetes Mietobjekt für sogenannte Pop-up-Stores zu bekommen. Pop-up-Stores (von *to pop up*, »plötzlich auftauchen«) sind kurzfristige und provisorisch angelegte Einzelhandelsgeschäfte, deren Existenz häufig nur auf ein Jahr begrenzt ist. Kurze Wege zu den beteiligten Ämtern (z. B. Baurechtsamt oder Liegenschaftsamt) verstehen sich bei diesen Projekten von selbst. Die für diesen Bereich zuständige Managerin schätzt, dass bisher mehr als die Hälfte aller Vermittlungen erfolgreich verliefen und alle Eigentümer und Mieter von der Idee profitierten.[18]

---

[18] http://www.stuttgarter-nachrichten.de/inhalt.kampf-gegen-leerstand-stadt-will-pop-up-stores-foerdern.fe716f75-0ee5-491c-b349-d55ba396448d.html [14.10.2021].

Beispiel Existenzgründung

Weitaus schwieriger ist die Situation im Aufgabenbereich »Existenzgründung, Ansiedlung, Investoren«. In Stuttgart und den fünf Nachbarkreisen beläuft sich die aktuell verfügbare Baufläche für Gewerbe und Industrie auf bescheidene 97 Hektar (ein Hektar entspricht 10.000 Quadratmeter). Rein rechnerisch, so der Chef der Wirtschaftsförderung der Region Stuttgart, reicht dies nicht einmal für ein Jahr. Die jährliche Nachfrage beläuft sich bis zum Jahr 2020 auf ca. 110 Hektar pro Jahr (*Stuttgarter Nachrichten*, 30.6.2017). Will man den Wirtschaftsstandort Stuttgart in den nächsten Jahren sichern, sind erhebliche Anstrengungen notwendig, um diesen Mangelzustand zu beseitigen.

Organisation der Wirtschaftsförderung

Mit abnehmender Größe einer Kommune nehmen auch die personellen und finanziellen Möglichkeiten der Wirtschaftsförderung ab. Der *Deutsche Städte- und Gemeindebund* hat 2008 ca. 12.300 Städte und Gemeinden, die zwischen 10.000 und 50.000 Einwohner haben, nach der Organisation, der personellen Ausstattung und nach den Aufgabenfeldern der Wirtschaftsförderung befragt (Deutscher Städte- und Gemeindetag 2008, S. 4 f.). Die große Mehrheit der befragten Kommunen hat die Wirtschaftsförderung in ihre Behördenstruktur integriert. In 72 Prozent der Städte und Gemeinden ist die Wirtschaftsförderung als ein eigenes Amt (15 %) oder als Teil eines Amtes (57 %) organisiert. Ein Teil der Kommunen gab auch an, dass ihre Wirtschaftsförderung von einem privat-rechtlichen Unternehmen betrieben wird. Wird die Wirtschaftsförderung bei einem anderen Amt »miterledigt«, handelt es sich zumeist um die Kämmerei oder um das Bauamt. Zehn Prozent der befragten Kommunen haben die Wirtschaftsförderung zur »Chefsache« erklärt, die der Bürgermeister selbst in die Hand genommen hat. Wenn mittlere und kleinere Kommunen mit der wichtigen Einnahmequelle der Gewerbesteuer verlässlich kalkulieren wollen, müssen sie Unternehmen anwerben und bereits ansässige Betriebe »pflegen«. Der

Bürgermeister ist in diesen Kommunen dann die treibende Kraft, die Geld beschafft, Genehmigungsverfahren und Grundstücksverkäufe für ansiedlungswillige Unternehmen vorantreibt.
Die personelle Ausstattung der Wirtschaftsförderungsdienststellen ist unterschiedlich. Dies hängt von der wirtschaftlichen Lage, der Haushaltslage, dem Stellenwert, der der Wirtschaftsförderung beigemessen wird, und der Größe der jeweiligen Kommune ab. In den Städten und Gemeinden reicht die Zahl der Mitarbeiter, die sich mit Wirtschaftsförderung befassen, von einer halben Stelle bis zu 8,5 Mitarbeitern. Das geschilderte Aufgabenspektrum ist mehr als nur eine Marketingaufgabe. Wirtschaftsförderer benötigen Expertenwissen und Wirtschaftserfahrung sowie Verwaltungskenntnisse. Teamfähigkeit, Service- und Kundenorientierung sind weitere wichtige Qualifikationen.
Die Arbeit der Wirtschaftsförderer in den Städten und Gemeinden unter 50.000 Einwohnern unterscheidet sich nicht wesentlich von denen der großen Städte. Wirtschaftsförderung ist relativ unabhängig von der Gemeindegröße und hat stets die Aufgabe, die Arbeits- und Lebensbedingungen für Menschen in einer Kommune positiv und nachhaltig zu beeinflussen.

Vordringlichste Aufgabe: Belebung der Innenstädte

Deutschlands Innenstädte sind in Gefahr: hohe Mieten, ein stark zunehmender Onlinehandel und seit 2020 die einschneidenden Pandemieregeln. Vor allem kleine und mittelgroße, zumeist inhabergeführte Läden ohne große finanzielle Polster stecken in der Klemme. Der *Deutschlandfunk* prognostizierte 2020, dass bis Ende 2021 – letztlich beschleunigt durch Corona – bundesweit bis zu 200.000 lokale Händler aufgeben.[19] Flanier- und Einkaufsmeilen werden von zwei

---

19 https://www.deutschlandfunkkultur.de/innenstaedte-und-die-coronakrise-einkaufs-und-flaniermeilen.1008.de.html? dram: article_id=486933 [24.9.2021].

Seiten in die Zange genommen: vom Onlinehandel und von den Pandemiemaßnahmen. Laut einer Umfrage des *Handelsverbands Deutschland* (HDE) rechnet auch 2021 die Hälfte der Innenstadtunternehmen für das laufende Jahr mit Umsätzen unter dem Vorjahr. Das Wochenmagazin *Der Spiegel* vermeldete im Juli 2021, dass gegenüber Juni 2019 der Rückgang der Passanten in Einkaufsstraßen massiv zugenommen hat: München verzeichnete ein Minus von 40 Prozent, Hamburg hatte gut ein Viertel weniger Passanten, Stuttgart und Frankfurt hatten bis zu 20 Prozent weniger Flaneure. Leere Schaufenster und geschlossene Eingänge gehören inzwischen zum Straßenbild. Der Onlinehandel indes kalkuliert mit knapp 20 Prozent höheren Einnahmen im Vergleich zu 2020. Laut HDE betrug der Zuwachs 23 Prozent, immerhin eine Summe von 72,8 Milliarden Euro.

Einige Bundesländer haben bereits Förderprogramme für ihre Innenstädte bereitgestellt. Der Bund hingegen hielt sich lange zurück. Im Juli 2021, nach dem dritten Lockdown, lobte das Bundesinnenministerium 250 Millionen Euro aus, um »lebenswerte Innenstädte« zu fördern (*Der Spiegel*, 31.7.2021. S. 65 ff.).

Mit teils millionenschweren Programmen versuchen die Bürgermeister und Gemeinderäte in Baden-Württemberg ihre Einkaufsstraßen nach dem Corona-Lockdown wiederzubeleben und ein Ausbluten der Innenstädte zu verhindern: kostenloses Parken, die Förderung von (digitalen) Einkaufsgutscheinen, Straßenbahnen und Stadtbusse zum Nulltarif sowie eine großzügige Genehmigung der Außengastronomie (*Stuttgarter Zeitung*, 6.8.2021). Flankierend versuchen viele Städte, die Aufenthaltsqualität durch mehr Grün und zusätzliche Kübelpflanzen zu erhöhen. Zumeist umfassen diese Neustarthilfen vier Säulen: (1) Mit vielfältigen Maßnahmen sollen Infrastruktur und Aufenthaltsqualität verbessert werden. (2) Aktionen und Veranstaltungen sollen die Innenstädte beleben. (3) Gezielte Gutscheinsysteme bieten die Chance, Umsätze an die Innenstädte zu binden. (4) Kommunikationskampagnen schließlich sollen potenzielle Kunden zum Besuch der Innenstädte anregen.

5

Akteure: Bürgermeister, Gemeinderat und Bürger

Was passiert in der politischen »Arena« einer Kommune? Wer hat das Sagen, wer entscheidet und wie werden Interessen durchgesetzt? Wer sind die maßgeblichen Akteure? Kommunalpolitik ist ein nicht immer leichtes Zusammenspiel von Bürgermeister, Gemeinderat und Bürgern. Oftmals wird in Gemeinden und Städten um Inhalte und Lösungen gestritten. Das Bemühen um sachliche Lösungen im Sinne des Gemeinwohls kann zu Konflikten führen. Hierbei prallen Interessen und unterschiedliche Standpunkte aufeinander. Auch in der Kommunalpolitik geht es gelegentlich um die Frage, wer was wann und wie bekommt.

5 Akteure: Bürgermeister, Gemeinderat und Bürger

Der Bürgermeister: Multi-Talent, Verwaltungsprofi, Geldbeschaffer und »ein Mensch zum Anfassen«

Böllen im Landkreis Lörrach ist mit 102 Einwohnern die kleinste Kommune Baden-Württembergs. Die Gemeinde ist Mitglied im Gemeindeverwaltungsverband Schönau im Schwarzwald. Der ehrenamtliche Bürgermeister wurde bei den Bürgermeisterwahlen am 6. November 2016 in seinem Amt bestätigt und trat damit seine dritte Amtszeit an. Er hat einmal in der Woche am Dienstagnachmittag eine zweistündige Sprechstunde. Ein Großteil der Verwaltungsaufgaben wird von der Verbandsverwaltung Schönau erledigt. Der Verwaltungsverband umfasst die Stadt Schönau und acht kleinere Gemeinden.

Während die Bürgermeister kleiner Gemeinden zumeist »Mädchen für alles« sind und irgendwann jeden Schachtdeckel in ihrem Ort kennen, sehen die Tätigkeiten und Aufgaben eines hauptamtlichen Oberbürgermeisters einer großen Kreisstadt völlig anders aus. Aber dennoch gibt es Gemeinsamkeiten: Beide werden von den Bürgern direkt gewählt. Sie sind Verwaltungschefs und damit für die laufenden Verwaltungsaufgaben verantwortlich. Beide sind Vorsitzende des Gemeinderats und beide vertreten die Kommune nach innen und nach außen.

Fast jeder kennt den Bürgermeister seiner Kommune. Wenn man ihn nicht persönlich kennt, kann man einiges über ihn im Amtsblatt oder in der Lokalzeitung erfahren. Doch manche Fragen werden auch dort in der Regel nicht beantwortet: Was macht einen »idealen« Bürgermeister aus? Was muss ein Bürgermeister überhaupt können? Wer bewirbt sich als Bürgermeister? Kann man sein Bürgermeisteramt auch verlieren? Was macht den Reiz und die Last des Amtes aus? Warum sind Bürgermeisterinnen eher rar? Was verdient ein Bürgermeister eigentlich?

Eigenschaften erfolgreicher Bürgermeister

Der Verwaltungswissenschaftler Paul Witt, ehemaliger Rektor der *Hochschule für öffentliche Verwaltung Kehl*, stellt auf der Grundlage zahlreicher Befragungen und Untersuchungen fest, dass die fachlichen Qualitäten eines guten Bürgermeisters zu 30 Prozent wichtig sind, die menschlichen hingegen 70 Prozent ausmachen (Witt 2016 a, S. 189 f.). Befragt man Politikwissenschaftler, Verwaltungsexperten und Bürger, zeichnet sich ein erfolgreicher Bürgermeister durch mehrere Eigenschaften aus. Gute Bürgermeister

- sind die »Manager« ihrer Kommune und verfügen über eine breit aufgestellte fachliche Verwaltungskompetenz. Ein erfolgreicher Bürgermeister ist entscheidungsstark, zuversichtlich, sachorientiert, zupackend, konsequent und konfliktfähig.
- sind stets auch in ihrer Moderatorenrolle gefragt. Sie müssen kommunale Entscheidungsprozesse unter Einbindung möglichst vieler Bürger effektiv organisieren und die Bürgerschaft für kommunale Vorhaben begeistern können.
- setzen Impulse, ermutigen die Bürger zu Engagement und Beteiligung, binden den Gemeinderat bei wichtigen Fragen frühzeitig ein und arbeiten mit diesem eng zusammen.
- müssen sozial kompetent und teamfähig sein. Ein respektvoller Umgang mit Menschen, Einfühlungsvermögen und Sensibilität sind für das Bürgermeisteramt unerlässlich.
- gehen souverän mit Konflikten um. Sie können Konflikte moderieren und streben dabei möglichst einvernehmliche und tragbare Lösungen für alle Beteiligten an.
- zeichnen sich durch hohe Sympathiewerte, ein positives Image und Glaubwürdigkeit aus. Diese »weichen Faktoren« (*soft skills*) fallen besonders bei Bürgermeisterwahlen, die oft auch Persönlichkeitswahlen sind, ins Gewicht. Mangelnde Sympathien der Wähler können sich für Kandidaten nachteilig auswirken.

5 Akteure: Bürgermeister, Gemeinderat und Bürger

Abb. 8: Plakate für den Wahlkampf für die Stuttgarter Oberbürgermeisterwahl am 8. November hängen in der Innenstadt. Die Bewerbungsfrist für die Kandidatinnen und Kandidaten endete am 12. Oktober 2020 um 18 Uhr. Am 13. Oktober entschied der Gemeindewahlausschuss darüber, welche Bewerberinnen und Bewerber für die Wahl zugelassen werden.

Der Tübinger Oberbürgermeister Boris Palmer, befragt nach den idealen Eigenschaften eines Bürgermeisters:
»Das Grundbild ist immer dasselbe. Man will heute – das hat sich gegenüber vor 40 Jahren wahrscheinlich geändert – nicht einen autoritären Herrscher, sondern eine Persönlichkeit, die offen ist für andere Ansichten und Argumente. Dialogfähigkeit! Man will zugleich eine Führungspersönlichkeit, weil klar ist, es ist eben eine Chefposition [...]. Also dialogfähig und zugleich durchsetzungsfähig. Verwaltungserfahrung spielt je nach Größe der Stadt eine kleinere oder größere Rolle: eine große, wenn die Stadt klein ist; wenn sie groß ist, eine kleine. Und ganz am Ende gibt's noch so was wie einen Sympathiefaktor. Den kann man am schwersten be-

> schreiben, aber es gibt ganz offensichtlich zwischen Menschen Interaktionen. Es gibt Menschen, die haben einen Sunnyboy-und-Strahle-Charakter, und andere, die wirken halt erst mal weniger attraktiv.«
> (Abberger 2013, S. 223 f.)

Die *Bertelsmann Stiftung* hat im Jahr 2008 1303 zufällig ausgewählte Bürger telefonisch befragt, welche persönlichen Eigenschaften sie bei Bürgermeistern für besonders wichtig halten (Bertelsmann Stiftung u. a. 2008). Im Einzelnen ergab sich folgendes Bild: Glaubwürdigkeit hielten 98 Prozent der Befragten für ein »sehr wichtiges« bzw. »wichtiges« Merkmal. Die moralischen Ansprüche der Bürger sind also ausgesprochen hoch. Bürgernähe – einen Bürgermeister »zum Anfassen« – bezeichneten 64 Prozent als »sehr wichtig« und 32 Prozent als »wichtig«. Durchsetzungsfähigkeit und Führungskompetenz war für 60 Prozent der telefonisch Befragten »sehr wichtig«. Die Eigenschaft, sich durchsetzen zu können, wird von den Bürgern akzeptiert und gefordert, weil sie keinen zaudernden Bürgermeister an der Spitze ihrer Kommune wollen. Die Bürger mögen keine »Hasenfüße«. Fachwissen in Verwaltungsfragen hielten 40 Prozent für »sehr wichtig«. Die Ergebnisse lassen darauf schließen, dass ein Bürgermeister aus Sicht der Bürger kein Spezialist auf nur einem Feld, sondern ein Multi-Talent sein muss.

Der äußerst beliebte Manfred Rommel war von 1974 bis 1996 Oberbürgermeister von Stuttgart. Laut Rommel sind Generalisten Menschen, die von immer mehr immer weniger verstehen, bis sie am Ende gar nichts mehr verstehen. Trotz dieses ironischen Spruchs aus einem berufenen Mund gleicht das Profil eines Bürgermeisters dem eines Generalisten, der über ein ganzes Bündel von Kompetenzen, Eigenschaften und menschlichen Tugenden verfügen muss. Zur Amtsführung gehören Menschenkenntnis und Managementfähigkeiten, die dem Alltag und ebenso der Ausnahmesituation gerecht werden müssen. Diese »Allround-Eigenschaften« (Paul Witt) sind im beruflichen Alltag von Bürgermeistern durchaus notwendig, stehen

5 Akteure: Bürgermeister, Gemeinderat und Bürger

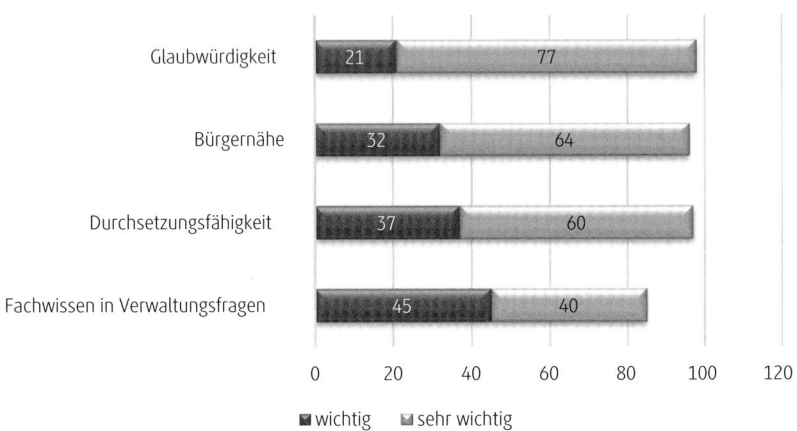

Abb. 9: Bedeutung persönlicher Eigenschaften für die Arbeit eines Bürgermeisters aus Sicht der Bürger (Angaben in Prozent; Quelle: Bertelsmann Stiftung 2008 u. a., S. 61)

sie doch als Amtsperson unter permanenter Beobachtung. Die meisten Bürgermeister haben eine 7-Tage-Woche, die wenig Zeit für Familie und Privates lässt. Freie Wochenenden sind eine Seltenheit. Stecken Bürgermeister die Nase aus der Haustür, sind sie nicht mehr Privatperson, sondern Amtsinhaber und Ansprechpartner für kommunale Angelegenheiten, selbst beim Brötchenkauf am Samstagmorgen in der örtlichen Bäckerei. Vielen Bürgern fällt es schwer, zwischen Privatperson und Amtsperson zu unterscheiden. In einer bundesweiten Befragung nennen über 80 Prozent der Bürgermeister, dass Familie und Privatleben durch ihr Amt stark beeinträchtigt werden.

Zudem wird die ständige Erreichbarkeit über das Handy beklagt – selbst im wohlverdienten Urlaub. Dies ist allerdings kein alleiniges Problem der öffentlichen Verwaltung, sondern schlicht dem Zeitgeist geschuldet. Die sich rasend ändernde Medienwelt hat eine Erwartungshaltung an (Kommunal-)Politiker, einen »Sofortismus« (Karl-Rudolf Korte), erzeugt. Sofortige Erreichbarkeit und Dauerkommunikation gelten inzwischen als politische Kernkompetenzen. Eine

»kollektive Erregung« (Bernhard Pörksen) hat sich breitgemacht, die eine Kombination aus Reaktionszwang und Beobachtungsdruck hervorgebracht hat.

Die *Friedrich-Ebert-Stiftung* hat unlängst die 1101 Rathauschefs in Baden-Württemberg angefragt, wie es um deren Kommunikation in den sozialen Medien bestellt ist. 72,5 Prozent der Befragten gaben an, dass die sozialen Medien ein »wichtiger« bzw. »eher wichtiger« Bestandteil ihrer Kommunikationsstrategie sind, um jüngere Bevölkerungskreise in ihren Kommunen anzusprechen. Viele empfinden dies jedoch als Pflichtprogramm und äußern sich mehrheitlich skeptisch. 60 Prozent der Befragten glauben nicht, dass über die sozialen Medien ein konstruktiver Meinungsaustausch mit der Bürgerschaft zustande kommt (*Stuttgart Nachrichten*, 9.4.2021). Die Kehrseite der digitalen Medien zeigt sich in negativen Auswüchsen: Mehr als jeder zweite befragte Bürgermeister (53,9 %) gab an, dass er auf *Facebook* oder *Instagram* persönlich angefeindet oder beleidigt wurde. Das Netz ist ein idealer Resonanzraum, um zumeist im Schutz der Anonymität Aufmerksamkeit zu erzielen, Unzufriedenheit und Argwohn zu verbreiten. Beklagt wird der Stil in den sozialen Medien, wo jede Form des Anstands vergessen und die Kommunikation aggressiver wird.

Sind die Erwartungen der Bürger zu hoch geschraubt oder realistisch genug? Gibt es Unterschiede in der Fremd- und Selbstwahrnehmung? Die *Bertelsmann Stiftung* hat nicht nur 1303 Bürger befragt, sondern 1153 hauptamtlichen und ehrenamtlichen Bürgermeistern dieselbe Auswahl von Eigenschaften angeboten. Die Abbildung 10 zeigt etwas andere Gewichtungen, die auf alltägliche Anforderungen von Bürgermeistern schließen lassen.

Die Einschätzung der Glaubwürdigkeit war nahezu deckungsgleich mit den Nennungen der befragten Bürger. Befragt nach der Bürgernähe gab es erste Abweichungen: Im Gegensatz zu 64 Prozent war die Kategorie »sehr wichtig« bei den befragten Bürgermeistern um 15 Prozentpunkte höher. Die Eigenschaft »Durchsetzungsfähigkeit« zeigte in der Gesamtsumme nur unwesentliche Unterschiede. Erheblich hingegen waren die Unterschiede beim Fachwissen in Verwaltungsfragen. Nur 21 Prozent der befragten Bürgermeister schätzten

5 Akteure: Bürgermeister, Gemeinderat und Bürger

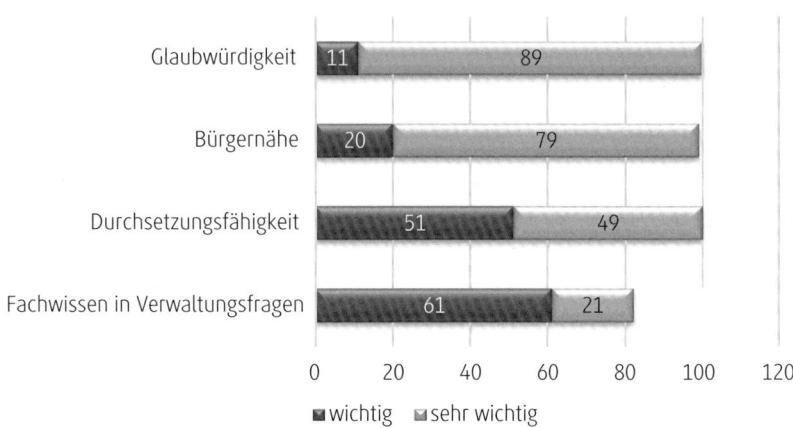

Abb. 10: Bedeutung persönlicher Eigenschaften für die Arbeit eines Bürgermeisters aus Sicht von Amtsinhabern (Angaben in Prozent; Quelle: Bertelsmann Stiftung 2008 u. a., S. 61)

diese Eigenschaft als »sehr wichtig« ein. 61 Prozent votierten für »wichtig«. Diese Angaben lassen einen ersten Rückschluss auf das Aufgabenspektrum eines Bürgermeisters zu.

Aufgaben: Aktenstudium, Sitzungen und Besprechungen, Repräsentieren und Händeschütteln

Die Arbeitstage von Bürgermeistern beginnen früh und enden oft sehr spät. 60 bis 70 Wochenstunden sind bei vielen Rathauschefs normal. Die tägliche Arbeitszeit eines Bürgermeisters beginnt meist zwischen 8 und 9 Uhr morgens und ist oft um 22 Uhr noch nicht zu Ende. Arbeit ist für Bürgermeister nicht nur die Verwaltungstätigkeit im Rathaus. Die Vorbereitung und Leitung der Gemeinderatssitzungen, Pflichtämter in Zweckverbänden und Aufsichtsräten sowie repräsentative Aufgaben kommen noch hinzu. Vereinsbesuche, Dorffeste, Gratulationen bei Jubilaren und Empfänge von Delegationen aus der Partnerstadt sind nur einige der repräsentativen Pflichten, denen ein Bürgermeister nachkommen muss. Bürgermeister können diese repräsentativen Aufgaben auch an ihre Stellvertreter delegieren. Je kleiner eine Kommune allerdings ist, desto schwieriger wird das Delegieren. Die Bürger erwarten geradezu, dass der Bürgermeister bei den oben genannten Anlässen persönlich erscheint und sich in der Öffentlichkeit sehen lässt.

Doch trotz der Aufgabenvielfalt (s. Textkasten) garantiert der Beruf des Bürgermeisters hohe Zufriedenheit. Für viele Amtsinhaber üben die Gestaltungsmöglichkeiten in der Gemeinde oder Stadt einen Reiz aus. Bei Entscheidungen und Weichenstellungen sind Bürgermeister aufgrund ihrer starken Stellung weitgehend unabhängig.

Klaus Abberger, ein Wahlkampfberater für Bürgermeister, hat mehrere seiner erfolgreichen »Kunden« u. a. zu ihren Aufgaben interviewt:

»Gerade in so einer kleinen Gemeinde, deren Verwaltung nur aus dem Bürgermeister und einer Kraft im Vorzimmer – Sekretariat – Sachbearbeitung besteht, werden Sie absoluter Allrounder, vom Standesamt bis zur Ausgabe des gelben Sacks müssen wir alles machen.«
(Abberger 2013, S. 75)

»Sitzungsökonomie muss hart erarbeitet werden. Unbedingte Voraussetzung ist dabei, dass Gemeinderat, Verwaltung und Bürgermeister sich aufeinander verlassen können. Wenn ein Bürgermeister nicht glaubwürdig ist oder der Gemeinderat feststellt, da und da wurde getrickst, dann ist die Sitzungsökonomie hinüber. Sie können nur ökonomisch arbeiten, wenn Ihre Gemeinderäte Ihnen abnehmen, dass Ihre Sitzungsvorlagen wirklich stimmig sind.«
(Abberger 2013, S. 89)

»Ich glaube, alles ist schneller geworden, hektischer. Das liegt auch und gerade an den elektronischen Medien. Heute kann es sich

keine Führungsperson mehr leisten, eine E-Mail nicht unmittelbar nach zwei Stunden beantwortet zu haben. Früher war das eben anders. Früher gab es erst mal einen Brief [...]. Dann ist der Brief angekommen und ging durch eine Verwaltung, das dauerte mindestens zwei Wochen. Bis der Brief beantwortet wurde, vergingen vier Wochen.«
(Abberger 2013, S. 131)

»Letzten Endes ist die Arbeit in allen Branchen in den vergangenen Jahren schwieriger geworden. Weil die Arbeitsdichte überall zugenommen hat. Weil die Materie, mit der man sich beschäftigt, komplexer geworden ist. Weil die Verfahren wesentlich komplizierter und komplexer geworden sind. Wenn ich sehe, wie meine Vorgänger in den 1960er Jahren noch ganze Stadtviertel aus dem Boden stampfen und Straßen bauen konnten, ohne dass es dazu langwierige Verfahren oder – aus meiner Sicht ja auch berechtigte – Fragestellungen nach dem Umweltschutz gab. Die EU-Rechtsprechung, die mittlerweile in hohem Maße den kommunalen Alltag in den Planungen, in der Stadtentwicklung beeinflusst. Das sind ja alles Herausforderungen, die es früher nicht gab.«
(Abberger 2013, S. 145 f.)

»Für mich macht die Vielfältigkeit der Themen, an denen man arbeitet, den Reiz aus. Ich wollte nie Spezialist werden – ich wollte immer Generalist sein. Wenn ich mir überlege, wie viele unterschiedliche Themenfelder wir täglich bearbeiten: Personalfragen, Bauthemen, ein Wirtschaftsgespräch mit einem potenziellen Investor, ein abendliches Gespräch mit Vertretern des Einzelhandels oder auch dem touristischen Regionalverband. [...] Unsere Arbeit hat unmittelbaren Einfluss auf das Leben der Bürgerinnen und Bürger in unseren Städten, eine besondere Herausforderung und eine manchmal auch belastende Verantwortung.«
(Abberger 2013, S. 255)

Der Bürgermeister

Abb. 11: Auch im Stuttgarter Rathaus ist Politik immer an Sachfragen, an Aushandlungsprozesse und an Menschen gebunden.

Diese wenigen »Blitzlichter« zeigen das Spannungsfeld, in dem sich Bürgermeister tagtäglich bewegen. Sie müssen sich mit verschiedenen Themenfeldern auseinandersetzen, ihre Verwaltung führen und leiten, mit dem Gemeinderat vertrauensvoll zusammenarbeiten und nicht zuletzt den vielfältigen und gewachsenen Ansprüchen der Bürger gerecht werden. Der Gestaltungsspielraum von Bürgermeis-

5 Akteure: Bürgermeister, Gemeinderat und Bürger

tern ist sehr groß, die Erfolge sind unmittelbar zu sehen. Aber auch das, was weniger gelungen ist, wird unmittelbar vor Ort offenkundig.

Horrorjob Bürgermeister?

Im April 2021 startete unter der Schirmherrschaft von Bundespräsident Frank-Walter Steinmeier das Online-Portal »Stark im Amt«[20], eine Initiative der *Körber-Stiftung* in Kooperation mit dem *Deutschen Städtetag*, dem *Deutschen Landkreistag* sowie dem *Deutschen Städte- und Gemeindebund*. Das Online-Portal richtet sich an kommunale Amts- und Mandatsträger in Deutschland, die politische Verantwortung für ihre Kommune übernehmen. Das Portal versorgt Kommunalpolitiker mit Informationen. Kontakte und Handlungsoptionen werden aufgezeigt, um bei Bedrohungen oder gar Angriffen angemessen reagieren zu können.

Den Ausschlag für die Initiative gaben zwei bundesweite Umfragen zum Thema »Gewalt gegen Kommunalpolitiker«. Bei einer *Forsa*-Umfrage im Auftrag der *Körber-Stiftung* unter 1641 Bürgermeistern äußerte mehr als die Hälfte der Befragten, schon einmal beleidigt, bedroht oder tätlich angegriffen worden zu sein. 68 Prozent der Kommunalpolitiker änderten aus Sorge vor Beleidigungen und Angriffen ihr Verhalten. Mehr als ein Drittel verzichtete auf die Nutzung digitaler Medien. Knapp jeder fünfte dachte aus Sorge um die eigene Sicherheit oder die der Familie über einen Rückzug aus der Kommunalpolitik nach. Ein Drittel erstattete wegen Hass- und Gewalterfahrungen eine Anzeige.[21]

Im Jahr 2020 fand die bislang größte bundesweite Umfrage zum selben Thema statt.[22] An der Umfrage der Zeitschrift *Kommunal*, die

---

20 https://www.stark-im-amt.de/ [18.8.2021].
21 https://www.koerber-stiftung.de/gegen-hass-und-gewalt-kommunalpolitiker-wappnen-sich-2334 [18.8.2021].
22 https://kommunal.de/kommunalpolitiker-umfrage-2020 [18.8.2021].

ebenfalls vom Meinungsforschungsinstitut *Forsa* durchgeführt wurde, nahmen 2494 Bürgermeister, d. h. jeder vierte Bürgermeister in Deutschland, teil. Die erschreckenden Ergebnisse belegen, dass die Zahl der von Hasskriminalität betroffenen Kommunalpolitiker deutlich zugenommen hat. Zwei Drittel (64 %) gaben an, im Rahmen ihrer Tätigkeit beleidigt, beschimpft, bedroht oder gar tätlich angegriffen worden zu sein. Jeder elfte Bürgermeister wurde körperlich bedrängt, bespuckt oder geschlagen. Selbst in kleinen Kommunen sind Bürgermeister und Verwaltungsmitarbeiter betroffen: Bedrohungen und Einschüchterungen in Diensträumen, nächtliche Drohanrufe oder Diffamierungen in den sozialen Medien sind längst keine Seltenheit mehr.

Die Politikwissenschaftlerin Beate Rosenzweig skizzierte mit Bezug auf diese Umfragen drei Ebenen, wie der um sich greifenden Verrohung begegnet werden kann (Rosenzweig 2020, S. 38 f.):

- Im Rahmen der wehrhaften Demokratie darf und kann sich der demokratische Staat gegen seine Feinde wehren. Es gilt, die Regeln des Rechtsstaats konsequent durchzusetzen, kommunale Amts- und Mandatsträger sowie Mitarbeiter der Verwaltungen soweit wie möglich zu schützen. Dies verlangt eine konsequente juristische Verfolgung und strafrechtliche Sanktionierung.
- Neben der strafrechtlichen Verfolgung ist eine breite zivilgesellschaftliche Unterstützung und Anerkennung des politischen Engagements von Amts- und Mandatsträgern notwendig. Rosenzweig fordert, kommunalpolitisch Engagierten »Respekt zu zollen und politische Partizipation als demokratisches Grundrecht zu würdigen« (a.a.O.).
- Eine dritte Ebene ist die Stärkung der demokratischen Streitkultur gegen jegliche Versuche der Ausgrenzung und Abwertung. Eine solche Streitkultur ist von einer offenen und begründeten Auseinandersetzung über unterschiedliche, durchaus auch kontroverse Standpunkte geprägt.

5 Akteure: Bürgermeister, Gemeinderat und Bürger

Welche kommunalen Politikfelder sind Bürgermeistern wichtig?

Kommunale Politikfelder (z. B. Haushalts-, Sozial- und Finanzpolitik) sind immer an Sachfragen, an Aushandlungsprozesse und an Menschen bzw. Akteure gebunden. In der oben erwähnten Studie der *Bertelsmann Stiftung*, die in Zusammenarbeit mit dem *Deutschen Städtetag* und dem *Deutschen Städte- und Gemeindebund* durchgeführt wurde, wurden 1153 zufällig ausgewählte Bürgermeister befragt, was ihnen als Stadt- oder Gemeindeoberhaupt besonders wichtig ist. Aus einer Liste kommunalpolitisch wichtiger Themen konnten die Befragten fünf für sie vordringliche Bereiche auswählen (Bertelsmann Stiftung 2008, S. 52 f.). Spitzenreiter waren die Politikfelder Familie, Jugend und Kinder (71 %), gefolgt von Finanzen, einem ausgeglichenen Haushalt und Schuldenabbau (70 %). Dicht beieinander lagen die Bereiche Wirtschaft, Jobs und Standortpolitik (68 %) sowie Bildung und Schule (60 %). Fünf Jahre später hat – einer anderen Umfrage zufolge – die Aufgabe der Wirtschaftsförderung den zweiten Rang eingenommen (Deutscher Landkreistag 2013, S. 6).

Im Mai und Juni 2015 wurde im Rahmen eines Projekts an der *Hochschule für öffentliche Verwaltung Kehl* eine Befragung der in Baden-Württemberg amtierenden Bürgermeister durchgeführt. Von den zum Zeitpunkt der Befragung amtierenden Bürgermeistern (1060) der insgesamt 1101 Kommunen antworteten 531 Amtsträger, d. h. die Rücklaufquote entsprach 50,1 Prozent (Huzel 2019, S. 38). Die Bürgermeister wurden nach acht politischen Zielen befragt, die ihnen wichtig sind (▶ Tab. 8).

Tab. 8: Wichtige politische Ziele der Bürgermeister in Baden-Württemberg

Politische Ziele	Wichtigkeit (in Prozent)
Erhaltung der Kommune als attraktiver Wohnstandort	72,7 %
Schaffung guter Bedingungen für die örtliche Wirtschaft zur Gewährleistung wirtschaftlichen Wachstums	50,2 %

Tab. 8: Wichtige politische Ziele der Bürgermeister in Baden-Württemberg
– Fortsetzung

Politische Ziele	Wichtigkeit (in Prozent)
Sicherung einer effizienten Kommunalverwaltung nach Kriterien der Wirtschaftlichkeit	32,2 %
Bewahrung des kulturellen Erbes und traditioneller Werte	19,5 %
Schutz von Natur und Umwelt	21,6 %
Förderung einer aktiven Beteiligung der Bevölkerung an der Kommunalpolitik	19,4 %
Unterstützung benachteiligter Bevölkerungsgruppen	12,3 %
Ausbau der regenerativen Energien in der Kommune	14,9 %

Quelle: Eigene Darstellung nach Huzel 2019, S. 160

Die obige Rangfolge lässt eine eher wirtschaftliche Zielsetzung der Bürgermeister erkennen, soziale und ökologische Ziele hingegen wurden weitaus weniger stark gewichtet.

Unabhängig von der unterschiedlichen Gewichtung belegen alle drei Umfragen, dass sich die befragten Bürgermeister allesamt als Sachverwalter des Gemeinwohls und als »Bürgeranwalt« verstehen.

Je nach Größe der Kommune können die kommunalen Politikfelder unterschiedlich gewichtet sein. Die zu klärenden Sachfragen und Aushandlungsprozesse liegen nicht nur in der alleinigen Machtbefugnis eines Bürgermeisters. Sie unterliegen Rahmenbedingungen, die sich als hilfreich oder hemmend auf die Politikfelder auswirken können. Zu den förderlichen Faktoren zählen z. B. eine leistungsfähige Verwaltung mit leistungswilligen Mitarbeitern, die gute Kooperation mit übergeordneten Behörden (z. B. Landratsamt, Regierungspräsidium, Ministerien), eine aktive Bürgerschaft und nicht zuletzt eine gute Zusammenarbeit mit dem Gemeinderat und – insofern vorhanden – mit den Ausschüssen.

5 Akteure: Bürgermeister, Gemeinderat und Bürger

An erster Stelle der hemmenden Rahmenbedingungen werden übereinstimmend die Überregulierung bzw. die von Land, Bund und EU zugewiesenen Aufgaben genannt. In der oben erwähnten Befragung aus dem Jahr 2008 empfanden immerhin 72 Prozent der Bürgermeister diese als hinderlich. Das Phänomen der Überregulierung beklagen kleine, mittelgroße und große Kommunen gleichermaßen. Bürgermeister wünschen sich übereinstimmend weniger Vorschriften zugunsten einer größeren Handlungsfreiheit. Als zweiter Hemmschuh wird die Finanznot (49 %) genannt, welche die Handlungsspielräume, die Erfüllung der Pflichtaufgaben sowie der freiwilligen Aufgaben einschränkt. Manche Bürgermeister beklagen auch die mangelnde Kompetenz der Ratsmitglieder, die regelmäßig zu Problemen führt. Probleme der Bürgermeister mit Ratsmitgliedern, mit der Anzahl der Fraktionen und Parteien nehmen mit der Größe des Gemeinderats zu. Als weitere beeinträchtigende Rahmenbedingungen wird eine allzu kritische Lokalpresse genannt. Dieser hemmende Faktor wird dann brisant, wenn sich eine Auseinandersetzung zwischen Bürgermeister und Gemeinderat in der lokalen und überörtlichen Presse niederschlägt. Stehen Bürgermeister erst einmal wegen Fehlern (z. B. Missmanagement, Geldverschwendung) im Rampenlicht der Presse, ist die Wiederherstellung des guten Rufs nicht leicht.

Ungeachtet dieser Umstände sind bundesweit gut neun von zehn Bürgermeistern mit ihrem Beruf und mit dem, was sie in ihrer Kommune erreicht haben, zufrieden. Diese äußerst positive Bilanz korrespondiert mit der Einschätzung der Bürger. 78 Prozent der 1303 befragen Bürger sind mit ihrem Bürgermeister landauf, landab »sehr zufrieden« (16 %) bzw. »zufrieden« (62 %). Auch Baden-Württemberg kann mit ähnlich guten Zahlen aufwarten. In einer weniger umfangreichen Studie konnte von Studierenden der *Hochschule für öffentliche Verwaltung* in Kehl – eine der beiden »Bürgermeisterschmieden« des Landes – 2013/2014 nachgewiesen werden, dass die Bürger sehr wohl zufrieden mit ihren Bürgermeistern sind. Zugrunde gelegt wurden die Schulnoten von »1« (sehr zufrieden) bis »6« (sehr unzufrieden). Bürgermeister in kleineren Gemeinden erhielten die Durchschnittsnote 2,29. In Kommunen mit 20.000 bis 100.000 Einwohnern belief sich die Durchschnittsnote auf 2,41 und bei über 100.000 Einwohnern auf 2,75 (vgl. Witt/Krause 2014). Die Zufriedenheit der Bürger ist in kleineren und überschaubaren Kommunen – so ein weiteres Ergebnis der Studie – meist höher als in großen Städten. Auch fünf Jahre später sind diese Zufriedenheitswerte nur geringen Schwankungen unterworfen. Im Rahmen einer 2019 durchgeführten repräsentativen Befragung der *Bertelsmann Stiftung* geben 48,5 Prozent an, Kommunalpolitikern »großes« bzw. »sehr großes« Vertrauen entgegenzubringen. Bei Bürgermeistern lag die Quote gar bei 63,8 Prozent.[23]

Chef der Gemeindeverwaltung

Als Leiter der Gemeindeverwaltung führt der Bürgermeister die laufenden Geschäfte der Verwaltung, kümmert sich um die vom Gemeinderat übertragenen Aufgaben sowie um die Erledigung der Pflichtaufgaben, die eine Kommune erledigen muss. Als Vorsitzender des Gemeinderats und als Verwaltungsleiter besteht die wahre Kunst darin, einen Brückenschlag zwischen Gemeinderat und Verwaltung herzustellen. Bürgermeister sind das personelle Bindeglied zwischen Gemeinderat und Verwaltung. Deshalb muss die Amtsführung, soll sie vom Gemeinderat und letztlich auch von den Bürgern akzeptiert werden, transparent sein. Die Kontrolle der Amtsführung des Bürgermeisters ist den kommunalen »Spielregeln« zufolge Aufgabe des Gemeinderats. Deshalb berichtet der Bürgermeister im Rahmen von Gemeinderatssitzungen regelmäßig über Verwaltungsangelegenheiten und über Fortschritte bei der Erledigung der Gemeinderatsbeschlüsse.

Als Verwaltungsleiter hat der Bürgermeister dafür zu sorgen, dass die ehrenamtlich tätigen Gemeinderäte bei ihren Entscheidungen

---

23 https://www.bertelsmann-stiftung.de/de/themen/aktuelle-meldungen/2019/mai/deutsche-bevoelkerung-vertraut-ihren-kommunalen-vertretern-mehr-als-politikern-auf-eu-ebene/ [18.8.2021].

fachlich kompetent durch die Verwaltung unterstützt werden. Bei der Vorbereitung von Entscheidungen im Gemeinderat wird zunächst die Verwaltung aktiv, die entsprechende Vorlagen erarbeitet und den Gemeinderäten zugänglich macht. Die Leitung der Verwaltung verschafft dem Bürgermeister jedoch im Gegensatz zum Gemeinderat bei kommunalen Entscheidungsprozessen eine gewisse Unabhängigkeit.

Einem guten Rathauschef gelingt es, seine Verwaltung zu motivieren, indem er die Selbstständigkeit der Mitarbeiter fördert. Er versteht sich nicht als »Obersachbearbeiter«, der sich in jede Angelegenheit der Verwaltung einmischt. Arbeitsteilung, Delegation und Zutrauen in die fachlichen Fähigkeiten der Mitarbeiter sind wichtige Prinzipien einer funktionierenden Verwaltungsarbeit. Der Verwaltungshintergrund, den viele Bürgermeister mitbringen, wirkt sich hierbei vorteilhaft aus. Dies setzt voraus, dass die einzelnen Ämter, Dezernate und Mitarbeiter klare und abgegrenzte Zuständigkeiten haben. Erfahrungsgemäß wird die Zusammenarbeit von Verwaltung und Bürgermeister als angenehmer empfunden, je kleiner die Kommune ist (Gehne 2012, S. 92 f.).

Bürgermeister und Gemeinderat

Als Vorsitzender des Gemeinderats muss ein Bürgermeister die Sitzungen des Rats organisatorisch in die Hände nehmen. Dabei gilt es, im Vorfeld der eigentlichen Sitzung mehrere Aufgaben zu erledigen:

- die Sitzungstermine sind festzulegen;
- der Gemeinderat muss fristgerecht (schriftlich oder elektronisch) eingeladen werden;
- die Tagesordnung ist aufzustellen;
- Unterlagen und Vorlagen müssen rechtzeitig versandt werden;
- von der Gemeinderatssitzung ist ein Protokoll anzufertigen.

Schon durch die Aufstellung der Tagesordnung und die Entscheidung, welche Vorlagen die Gemeinderäte bekommen, kann der Bürgermeister einen gewissen Einfluss auf die Entscheidungen des Gemeinderats nehmen. Hinzu kommt, dass er als Verwaltungsleiter gegenüber dem Gemeinderat mehrere Vorteile hat. Als hauptamtlicher »Profi« verfügt er über eine professionell arbeitende Verwaltung, die im Idealfall auf ihn zugeschnitten ist und ihm gut zuarbeitet. Er ist als Vorsitzender und Mitglied des Gemeinderats an allen Entscheidungsprozessen beteiligt und kann sie bereits im Vorfeld zu seinen Gunsten beeinflussen.

Kommunale Entscheidungsprozesse lassen sich in mehrere Phasen einteilen: Initiativphase, Vorbereitungsphase, Entscheidungsphase und Ausführungsphase (Naßmacher/Naßmacher 2007, S. 237 f.). In der Realität lassen sich diese vier Phasen nicht streng voneinander trennen, sie laufen oft zeitgleich ab.

In der *Initiativphase* wird entschieden, ob eine Sachfrage überhaupt Thema der Gemeindepolitik wird. Ein bestimmtes Problem muss nicht automatisch Gegenstand kommunalpolitischer Entscheidungen sein. Es ist durchaus denkbar, dass verschiedene Interessengruppen (z. B. Verbände, Vereine, Lokalpresse), Bürger, einzelne Gemeinderatsmitglieder oder der Bürgermeister selbst ein Problem auf die Agenda setzen. In solchen Fällen ist es Aufgabe der Verwaltung, mit ihrem Sachverstand eine entsprechende Vorlage zu erarbeiten. Bereits in dieser Phase kann der Bürgermeister steuernd eingreifen, indem er die Initiative aufgreift, beschleunigt oder auch verzögert.

Jede kommunale Entscheidung will gut vorbereitet sein. In der *Vorbereitungsphase* erarbeitet die Verwaltung eine Vorlage, die später zur Entscheidung in den Gemeinderat eingebracht wird. Da es zumeist mehrere Wege gibt, ein Problem oder eine Sachfrage zu lösen, wird durch die Auswahl verschiedener Vorlagen bereits eine Vorentscheidung getroffen. Denkbare Alternativen können also unter den Tisch fallen. In dieser Phase ist der Bürgermeister ein wichtiger Vorentscheider. Wünscht der Gemeinderat mehrere Alternativen, können ihm durch eine entsprechende Auswahl weniger vorteilhafte Vorschläge unterbreitet werden. Verhandelt der Bürgermeister während der Vorbereitungsphase mit Privatunternehmen oder übergeordneten Behörden, wird dem Gemeinderat ein erfolgreicher Abschluss nur noch als Gesamtpaket präsentiert, das entweder angenommen oder abgelehnt werden kann.

In der *Entscheidungsphase* entscheidet der Bürgermeister als Vorsitzender des Gemeinderats bereits durch die Aufstellung der Tagesordnung, wann eine Verwaltungsvorlage zur Sprache kommt. Als fachkundiger Mitberater und Mitentscheider kann er den Entscheidungsprozess beschleunigen, indem er sachorientierten Argumenten den Vorrang einräumt und ausschweifende Stellungnahmen einzelner Ratsmitglieder möglichst umgeht oder durch eine »kluge« Sitzungsleitung vermeidet. Er muss nicht nur die politische Klaviatur beherrschen, sondern auch ein Gespür für die »Eigenheiten« seiner Ratsmitglieder haben. Verfügt er über ein gewisses Verhandlungsgeschick, dürfte ihm die Suche nach Mehrheiten leichter fallen. Ein erfahrener Bürgermeister wird seinen Informationsvorsprung gegenüber dem Gemeinderat nicht offen ausspielen, sondern Überzeugungsarbeit leisten.

In strittigen Fällen kann der Bürgermeister als schweres Geschütz immer noch wegen rechtlicher Bedenken Widerspruch einlegen. Gleiches gilt, wenn er der Auffassung ist, dass Gemeinderatsbeschlüsse nachteilig für die Gemeinde sind. Gesetzwidrigen Beschlüssen muss, nachteiligen Beschlüssen kann der Bürgermeister binnen einer Woche widersprechen. Gleichzeitig muss er eine neue Gemeinderatssitzung einberufen, die spätestens drei Wochen nach der ersten Sitzung stattzufinden hat. Bei dringenden Entscheidungen, die nicht bis zu einer Gemeinderatssitzung vertagt werden können, kann der Bürgermeister von seinem Eilentscheidungsrecht Gebrauch machen.

In der *Ausführungsphase* ist der Bürgermeister wiederum der zentrale Motor der kommunalen Politik. Er muss als Verwaltungschef für die Umsetzung des Beschlusses sorgen. Aber auch noch in dieser Phase können Spielräume genutzt und Abläufe gesteuert werden.

Ein versierter Bürgermeistert wird stets bestrebt sein, im Gemeinderat einen Konsens herbeizuführen. Dennoch können Konflikte eskalieren, besonders dann, wenn das Vertrauensverhältnis nachhaltig gestört ist. In einer im Zollernalbkreis gelegenen Kleinstadt mit 12.000 Einwohnern wurde unlängst der Rücktritt des amtierenden

Bürgermeisters gefordert. Anlass des Streits war, dass der Bürgermeister einen Besuch des Gemeinderats in einer Flüchtlingsunterkunft auf *Facebook* als »Asylantenschau« bezeichnet und die Stadträte »Landeier« genannt hatte (*Stuttgarter Nachrichten*, 29.4.2017). Ein schlechter Führungsstil und daraus resultierende zwischenmenschliche Zerwürfnisse können dazu führen, dass aus dem Bürgermeistersessel recht schnell ein »Schleudersitz« wird. Das Bürgermeisteramt ist kein Beruf für Menschen, die zur Polarisierung neigen. Gefragt sind vielmehr Kompromissfähigkeit, fachliche Kompetenz und eine verbindliche Persönlichkeit. Nicht Macher sind gefordert, sondern mehr denn je Moderatoren, die kommunale Gremien und möglichst breite Bevölkerungskreise in die Kommunalpolitik einbinden können.

Bürgermeister und Bürger

Die Wiederwahl von Bürgermeistern nach der achtjährigen Amtszeit ist der beste Beweis für die Wertschätzung durch die Bürger einer Stadt oder Gemeinde. In den oben erwähnten Untersuchungen und Befragungen bekommen die Bürgermeister in aller Regel ein gutes Zeugnis ausgestellt. Diese Wertschätzung hat allerdings mehrere Voraussetzungen.

Ein Bürgermeister muss meisterhaft mit unterschiedlichen Interessen, Wünschen und Anforderungen seiner Bürger »jonglieren« können. Nur eine gute Balance aller Erwartungen und oft widerstreitenden Interessen sichert den Frieden innerhalb der Kommune. Der Gemeindefrieden ist die Garantie für zufriedene Bürger sowie für eine Wiederwahl. Die Bürger wünschen sich im Allgemeinen einen Bürgermeister, der nicht abgehoben und weltfremd, sondern zugänglich und offen ist für alle Bürger. Er soll Nähe zeigen und Bürgermeister »für alle« sein, gleichzeitig aber auch eine professionelle Distanz bei der Amtsführung wahren. Dieser Spagat ist nicht immer leicht, da die Bürger verschiedene Rollen innehaben. Indem sie Dienstleistungen der Kommunalverwaltung in Anspruch nehmen, sind sie in einer Kundenrolle. Wenn es um Kommunalwahlen geht, sind sie stimm- und wahlberechtigte Bürger, die als letzte Instanz über den Ausgang von Wahlen entscheiden. Und als aktive Bürger schließlich sind sie Mitgestaltende der Kommunalpolitik.

Der Bürgermeister muss sich Anerkennung und Wertschätzung »verdienen«. Angesichts einer gestiegenen Anspruchshaltung vieler Bürger ist dies nicht immer leicht. Stuttgarts langjähriger Oberbürgermeister Manfred Rommel bezeichnete die Bürger bereits vor mehr als zwanzig Jahren als »verschnullert und verwöhnt«. Positive Entwicklungen in einer Kommune werden als selbstverständlich angesehen. Problematisch wird es meist dann, wenn Bürger mit kommunalpolitischen Entscheidungen unzufrieden sind oder wenn der Bürgerwille übergangen wird. In solchen Fällen kann es leicht passieren, dass der Bürgermeister als »Sündenbock« herhalten muss. Er wird für so ziemlich alles, was in der Gemeinde oder in der Verwaltung schiefläuft, verantwortlich gemacht. Wenn sich die Bürger nicht mehr mit ihrem Bürgermeister identifizieren, hat es dieser schwer, deren Vertrauen wiederzugewinnen.

Oftmals verbirgt sich hinter dem Unwillen der Bürger allerdings ein falsches Politikverständnis. Viele Bürger wollen nicht wahrhaben, dass auch die Kommunalpolitik »ein starkes, langsames Bohren von harten Brettern mit Leidenschaft und Augenmaß zugleich« (Max Weber) ist. Politische Entscheidungen in der Kommune können langwierig sein, sich zwischen Konflikt und Einigung bewegen, von vielfältigen Interessen und verschiedensten Akteuren abhängen und nicht immer geradlinig verlaufen. In vielen Städten und Gemeinden gibt es zunehmend »schwierige Bürger«, die sich dauerhaft und bei jeder Kleinigkeit einmischen, eher als Querulanten auffallen und nicht selten bei Beteiligungsverfahren an vorderster Front stehen. Der vorschnelle Glaube an »richtige Lösungen« blendet dann das Wissen um kommunalpolitische Abläufe aus. Auf Bürgermeisterseite erfordert dies nicht nur Gelassenheit und Weitsicht, sondern großes diplomatisches Geschick.

Der häufig und manchmal inflationäre verwendete Begriff »Bürgernähe« hat deshalb stets zwei Seiten. Wenn sich Bürgermeister und

Der Bürgermeister

Abb. 12: Bürgermeister von Großstädten können auch bundespolitisch aktiv werden. Willy Brandt wurde nach seinem Posten als Berlins Regierender Bürgermeister Bundeskanzler. Das Bild zeigt den amerikanischen Präsidenten John F. Kennedy (r.) mit Willy Brandt am 26. Juni 1963 in Berlin. Kennedy besuchte Berlin anlässlich des 15. Jahrestages der Berliner Luftbrücke.

Verwaltung um Bürgernähe bemühen, so braucht es auf der anderen Seite auch Bürger, die sich einbinden lassen und sich für öffentliche Angelegenheiten engagieren. »Bürgernähe« wird dann zum bloßen Schlagwort, wenn sich kommunalpolitische Entscheidungsträger auf Vorschriften und Verwaltungsrichtlinien berufen. Gerade wenn die Auswirkungen der Politik in Stadt oder Gemeinde sichtbar und spürbar werden, sind Bürgermeister gut beraten, ihre Bürger frühzeitig einzubinden. Dies kann im Rahmen von Bürgersprechstunden oder Einwohnerversammlungen (früher: Bürgerversammlungen) geschehen, bei denen die Bürger über geplante Entscheidungen informiert und gehört werden.

Bebauungspläne sind ein klassisches Beispiel, wie Bürger in kommunale Planungsprozesse einbezogen werden. Bebauungspläne und Bauleitpläne sind meist eine knifflige Sache und können Gegenstand strittiger Auseinandersetzungen sein. Ein Bebauungsplan folgt einer bestimmten Schrittfolge (vgl. Ackermann/Müller 2015, S. 257): Im *Aufstellungsbeschluss* wird durch Beschluss und öffentliche Bekanntgabe ein Bebauungsplankonzept eingeleitet. Der Aufstellungsbeschluss ist eine erste Vorlage, die das geplante Baugebiet benennt und Anregungen für die Bebauung enthält. Im zweiten Schritt erfolgt die frühzeitige *Bürgeranhörung*. Die Gemeindeverwaltung erklärt in einer Einwohnerversammlung die Planungen. Bürger, die oftmals die Orte oder Ortsteile am besten kennen, können nun Bedenken anmelden oder Verbesserungen vorschlagen. Diese Einwände und Vorschläge müssen protokolliert und sollen beim nachfolgenden *Auslegungsbeschluss* berücksichtigt werden. In diesem dritten Schritt wird der detaillierte Planungsentwurf öffentlich ausgelegt. Die Bürger können nun ihre Bedenken und Anregungen schriftlich vorbringen. Über die schriftlichen Stellungnahmen muss der Gemeinderat informiert werden. Im *Satzungsbeschluss* schließlich wird der Bebauungsplan nach Prüfung der Änderungswünsche beschlussreif, d. h. der Gemeinderat verabschiedet den Bebauungsplan als »Satzung«, die für die Kommune Gesetzescharakter hat (Naßmacher/Naßmacher 2007, S. 278 f.).

Wenig spektakulär, aber bürgernah und den kommunalen Zusammenhalt fördernd, sind niedrigschwellige Modelle der Bürgerbeteiligung. Bürgermeister können z. B. von sich aus aktiv werden und punktuelle Beteiligungsverfahren (z. B. runde Tische, Bürgerforen) oder dauerhafte Formen der Bürgerbeteiligung (z. B. Jugendgemeinderäte, Seniorenbeiräte) anregen und fördern.

Wer bewirbt sich mit welchem Sozialprofil als Bürgermeister?

Wer bewirbt sich um einen Bürgermeisterposten? Wen reizt dieses Amt trotz der Arbeitsdichte und einer 7-Tage-Woche? Antworten darauf geben die Sozialprofile von Bürgermeisterkandidaten und von

Amtsinhabern. Das Sozialprofil beschreibt das Alter, Bildung und Ausbildung, den Familienstand und die Parteibindung bzw. Parteilosigkeit der Bürgermeister.

Welches Sozialprofil ist für eine erfolgreiche Wahl von Vorteil? Welche Kandidaten liegen in der Wählergunst vorne? Die Wähler bevorzugen jüngere, parteiunabhängige Verwaltungsexperten von außerhalb der Kommune. Rund 90 Prozent aller Bürgermeister sind Verwaltungsfachleute, die die *Hochschulen für öffentliche Verwaltung* in Kehl oder Ludwigsburg besucht bzw. Verwaltungswissenschaft an einer Universität studiert haben. Für die meisten Kandidaten ist die Kommunalverwaltung die typische Durchgangsstation. Die letzte berufliche Etappe vor der Amtsübernahme ist in aller Regel ein Beschäftigungsverhältnis im öffentlichen Dienst (z. B. in einem Rathaus, in einem Landratsamt oder in einer anderen Behörde). Bürgermeister, die aus der Privatwirtschaft oder Selbstständigkeit kommen, sind eher eine Ausnahme.

Ebenso wichtig ist die Parteiunabhängigkeit bzw. Distanz zu Parteien. Die Bürger wollen keinen »Parteisoldaten«, sondern einen Bürgermeister, der »über den Parteien« steht und für »alle« Bürger da ist. Wenn ein Schachtdeckel klappert oder die Hauptstraße der Gemeinde Schlaglöcher hat, ist für die Bürger die Parteigebundenheit des Amtsinhabers völlige Nebensache.

In den Jahren 2010 bis 2015 haben insgesamt 813 Bürgermeisterwahlen und 90 Neuwahlen stattgefunden (Schwarz 2017 a, S. 29). In diesen sechs Jahren gehörten 58 Prozent der gewählten Bürgermeister zum Zeitpunkt ihrer Wahl keiner Partei oder Freien Wählervereinigung an. Im selben Zeitraum gehörten 42 Prozent der Gewählten einer Partei an. Die meisten parteigebundenen Bürgermeister gehörten der CDU an (73 %), gefolgt von der SPD (15 %), den Freien Wählervereinigungen (7 %), der FDP (3 %) und Bündnis 90/Die Grünen (2 %) (Schwarz 2017 b, S. 25). An dieser Rangfolge hat sich wenig geändert. Obwohl die Grünen seit zehn Jahren im Land regieren und inzwischen im Landtag die stärkste Fraktion stellen, gibt es nur wenig grüne Bürgermeister. Stand Dezember 2020 listete die Landespartei auf ihrer Homepage drei Oberbürgermeister und fünf Bürgermeister.

Beim kleineren Koalitionspartner CDU sind es mehr als 300. Selbst die SPD stellt 59 Rathauschefs (*Stuttgarter Zeitung*, 29.12.2020).

Mit zunehmender Größe der Kommune kann bei Wahlen die finanzielle und/oder organisatorische Unterstützung durch eine Partei durchaus hilfreich sein. Anlässlich der Oberbürgermeisterwahl in Stuttgart im Jahr 2020 machten einige Kandidaten ihre Wahlkampfkosten transparent. Paul Witt, früherer Rektor der Verwaltungshochschule Kehl, veranschlagte für den OB-Wahlkampf in der Landeshauptstadt eine Summe von bis zu 500.000 Euro. Als Faustregel gilt in der Regel ein Euro pro Einwohner. Befragt nach den Kosten des Wahlkampfs gaben sich die Kandidaten weitaus bescheidener. Der SPD-Kandidat kalkulierte mit sparsamen 150.000 Euro. Die Grünen-Bewerberin rechnete mit der gleichen Summe. 80.000 Euro kamen laut Wahlkampfmanagerin aus dem Etat des Kreisverbands. Die Finanzierung des Wahlkampfs für den CDU-Kandidaten Frank Nopper setzte sich aus Spenden, aus Beiträgen des Kandidaten und der Partei selbst zusammen. Die CDU-Kreisverbandssprecherin rechnete damit, deutlich unter der gängigen Messgröße von 500.000 zu bleiben (*Stuttgarter Nachrichten*, 18.6.2020). Nachdem Nopper, von 2002 bis 2020 Oberbürgermeister von Backnang (Rems-Murr-Kreis), im zweiten Wahlgang mit 42,3 Prozent zum neuen Oberbürgermeister Stuttgarts gewählt wurde, bewarben sich um die vakante Stelle in Backnang acht Bewerber. Mehrere Kandidaten gaben ihre Wahlkampfkosten preis, die sich zwischen 15.000 und 35.000 bewegten – allesamt komplett aus der eigenen Tasche finanziert (*Backnanger Kreiszeitung*, 26.2.2021).

Es ist das gute Recht von Bürgermeistern oder solchen, die es werden wollen, einer Partei anzugehören. Treten parteigebundene Bewerber an, sind sie allerdings gut beraten, sich als unabhängige Bewerber und nicht als Mitglied einer Partei zu präsentieren. Einmal im Amt angekommen, muss die Parteizugehörigkeit tunlichst hinter Amt und Person zurücktreten. Der Nutzen, den die Parteien von parteigebundenen Bürgermeistern haben, ist reichlich gering. Über die Region hinaus bekannte und vor allem angesehene (Ober-)Bürgermeister dienen höchstens der Imagepflege der Partei.

Regionale Unterschiede gibt es dennoch: In Württemberg trifft man durchweg auf den »unpolitischen«, fachlich versierten Bürgermeister, in Baden eher auf den »politischen« Bürgermeister. Innerhalb Baden-Württembergs gibt es erhebliche Unterschiede bei der Frage nach dem Parteibuch. Im Regierungsbezirk Stuttgart gehören zwei Drittel (67 %) der Gewählten keiner Partei an, im Regierungsbezirk Tübingen 61 Prozent. In den badisch geprägten Regierungsbezirken Karlsruhe und Freiburg sind mehr als die Hälfte (Karlsruhe: 55 %) oder weniger als die Hälfte (Freiburg: 45 %) der gewählten Bürgermeister parteigebunden (Witt/Krause 2014, S. 52.). Dieses erstaunlich konstante »Baden-Profil« (Hans-Georg Wehling) erklärt sich durch eine geschichtlich gewachsene Art und andere Politik der Interessendurchsetzung, die eben auch mittels politischer Parteien versucht wird. In historischer Perspektive war Baden immer offen für liberale politische Ideen, die sich in Baden breiter als in Württemberg entfaltet haben.

In Baden-Württemberg kommen Bewerber um das Bürgermeisteramt in aller Regel nicht aus der Gemeinde oder Stadt, in der sie kandidieren. Dies bringt den Vorteil mit sich, dass sie unbelastet von eventuellem »kommunalem Filz« und ohne verwandtschaftliche Hypotheken ihr Amt antreten können. Trotz dem Wunsch der Bürger nach einem Neuanfang, nach Unbefangenheit und frischem Wind gehört der »Schultes« über kurz oder lang an den Ort. Mit dem Versprechen, sich nach der Wahl in der Kommune niederzulassen und sich an den Ort zu binden, kann man vor allem in kleinen Gemeinden und Städten punkten. Die Präsenzpflicht ist für Bürgermeister nach wie vor ein kaum zu umgehendes Muss.

Beim Sozialprofil der Bürgermeister macht sich inzwischen auch der gesellschaftliche Wandel bemerkbar. Nicht zuletzt aufgrund längerer Ausbildungszeiten sind Bürgermeister beim Amtsantritt heute älter als früher. Einer Studie aus dem Jahr 2014 zufolge sind zwischen 2002 und 2009 gewählte Bürgermeister im Schnitt 51 Jahre alt. Sie haben ihr Amt im Alter zwischen 30 und 40 Jahren angetreten (Klein 2014, S. 134 f.). Auch der Anteil der nicht oder nicht mehr verheirateten Bürgermeister hat zugenommen. Gleichgeschlechtliche Partnerschaften werden inzwischen auch im eher konservativen Baden-Württemberg akzeptiert.

5 Akteure: Bürgermeister, Gemeinderat und Bürger

**Amtlicher Stimmzettel
für die Neuwahl
des/der Bürgermeisters/Bürgermeisterin
in Auenwald
am Sonntag, 28. März 2021**

Sie haben 1 Stimme.
Wenn Sie mehr als eine Stimme abgeben, ist der Stimmzettel ungültig!
Sie können entweder einen/eine der Bewerber/Bewerberinnen, deren Namen im Stimmzettel vorgedruckt sind, oder eine andere wählbare Person wählen.
Wollen Sie einen/eine Bewerber/Bewerberin wählen, dessen/deren Name im Stimmzettel vorgedruckt ist, so setzen Sie in das Kästchen hinter dem Namen ein Kreuz.
Möglich ist auch eine ausdrückliche Kennzeichnung auf sonst eindeutige Weise, das Streichen der übrigen Namen genügt jedoch nicht.
Wollen Sie eine andere wählbare Person wählen, so tragen Sie deren Namen mit weiteren Angaben zur zweifelsfreien Identifizierung dieser Person in die freie Zeile ein.

1	**Speitelsbach, Samuel** Diplom-Ingenieur Technologiemanagement Schubertstraße 11, 74747 Ravenstein	◯
2	**Ernst, Kai-Uwe** Finanzwirt Krokusstraße 26, 73663 Berglen	◯
3	**Bacher, Matthias** Diplom-Ingenieur (FH) Maschinenbau Birkenstraße 13, 71549 Auenwald	◯
4	**Bader, Ivonne** Diplom-Verwaltungswirtin (FH) Buckelhalde 29, 71549 Auenwald	◯

Wenn Sie eine **andere** wählbare Person durch **Eintragung in die freie Zeile** wählen wollen, müssen Sie diese so eindeutig bezeichnen, dass **zweifelsfrei** erkennbar ist, welche Person Sie meinen. Bedenken Sie dabei, dass es - auch außerhalb der Gemeinde - noch weitere wählbare Personen mit gleichem Namen geben kann.
Ist die gewählte Person aus dem Stimmzettel nicht unzweifelhaft erkennbar, ist die Stimme ungültig!
Bezeichnen Sie deshalb die von Ihnen gewählte Person in der freien Zeile zweifelsfrei durch Familiennamen, Vornamen, Beruf oder Stand, Anschrift und nötigenfalls durch weitere Angaben.

Abb. 13: Amtlicher Stimmzettel für die Neuwahl des/der Bürgermeisters/Bürgermeisterin in Auenwald am Sonntag, 28. März 2021

Der Bürgermeister

Wiederwahl, Neuwahl, Abwahl

Hat man erst einmal den Amtssessel erklommen, wird man mit hoher Wahrscheinlichkeit wiedergewählt. Die relativ langen Amtszeiten hängen von der Zufriedenheit der Bürger und der Qualität der Amtsführung ab. In den Jahren 2010 bis 2015 wurden 60 Prozent der Amtsinhaber nach acht Jahren für eine zweite (37 %) oder dritte (16 %) Amtsperiode wiedergewählt. Es gab in diesen sechs Jahren sogar Bürgermeister, die für eine vierte (6 %), fünfte (2 %) oder sechste (1 %) Amtszeit gewählt wurden. Ab der vierten, gelegentlich schon ab der dritten Amtszeit sind bei Bürgermeisterwahlen »Traumergebnisse« von 95 Prozent nicht selten (Schwarz 2017 a, S. 31 f.).

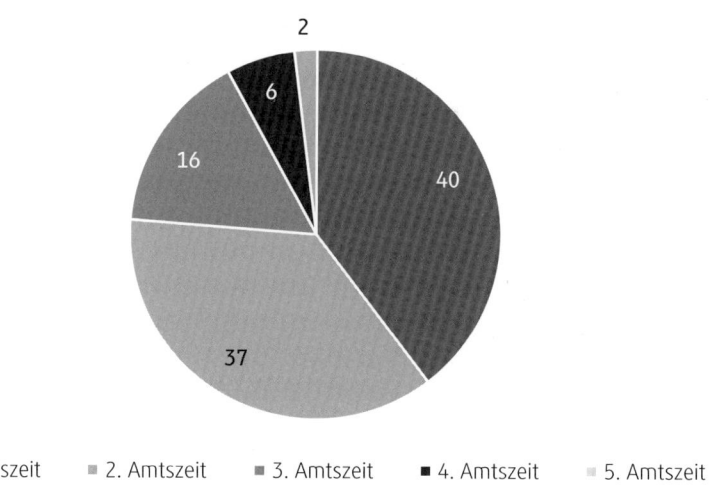

■ 1. Amtszeit   ■ 2. Amtszeit   ■ 3. Amtszeit   ■ 4. Amtszeit   ■ 5. Amtszeit

Abb. 14: Gewählte Bürgermeister von 2010 bis 2015 nach der Amtszeit (in Prozent; Quelle: Statistisches Monatsheft Baden-Württemberg, 1/2017, S. 32)

Eine hausinterne Analyse der Freiburger *Außenstelle der Landeszentrale für politische Bildung Baden-Württemberg* (LpB), die 411 Bürgermeisterwahlen erfasste, kommt für die Jahre 2016 bis 2018 zu ähnlichen

Ergebnissen. Mehr als die Hälfte der gewählten Rathauschefs traten ihre zweite Amtszeit an (56 %). Davon sind 30,7 Prozent der Bürgermeister zwei Perioden im Amt und vier Bürgermeister (1 %) wurden sogar zum fünften Mal wiedergewählt. Allerdings stieg die Quote derjenigen Bürgermeister, die sich nicht für eine zweite Amtszeit aufstellen ließen.

Kürzere Amtszeiten liegen seit geraumer Zeit im Trend. Die Quote von immerhin 40 Prozent neu gewählten Bürgermeistern in den Jahren von 2010 bis 2015 ist ein Hinweis auf kürzer gewordene Amtszeiten. Eine Ursache mag die gestiegene Arbeitsbelastung sein, die Bürgermeister zu einem früheren Ausscheiden aus dem Amt veranlasst. Auch der Beamtennachwuchs in Baden-Württemberg ist eher zurückhaltend bei einer Karriere an der Spitze einer Kommunalverwaltung. Laut einer Umfrage unter Studierenden der beiden Verwaltungshochschulen Kehl und Ludwigsburg können sich nur knapp 20 Prozent eine Laufbahn als Bürgermeister vorstellen (*Stuttgarter Nachrichten*, 22.5.2021).

Erwähnen muss man auch, dass Bürgermeister nach Ablauf von mindestens zwölf Dienstjahren, d. h. nach knapp zwei Amtsperioden, ein Ruhegehalt zusteht. Nach zwei Amtszeiten (d. h. nach 16 Jahren) müssen sie nicht wieder kandidieren, sondern können in den Ruhestand treten. Tritt ein Bürgermeister nicht wieder an, steigt im Regelfall die Anzahl der Kandidaten. Die Bewerber rechnen sich nach dem Rückzug des »Platzhirschs« bessere Chancen aus. In fast einem Drittel der Fälle (31 %) kommt es dann zu Neuwahlen (Schwarz 2107 a, S. 30 f.). In aller Regel werden die Bürgermeisterwahlen in Baden-Württemberg im ersten Wahlgang entschieden. Erreicht kein Bewerber im ersten Wahldurchgang die absolute Mehrheit, muss spätestens vier Wochen später eine Neuwahl stattfinden.

Aus 90 Prozent der Neuwahlen gingen neue Amtsinhaber hervor. Bei drei Vierteln (76 %) hat der amtierende Bürgermeister nicht mehr kandidiert. Bei jeder vierten Wahl, auf die eine Neuwahl folgte, wurde der erneut kandidierende Amtsinhaber von mehreren Bewerbern herausgefordert. Das Risiko, nicht wiedergewählt zu werden, steigt in diesem Fall.

Bürgermeister können in Baden-Württemberg und Bayern nicht abgewählt werden. In den meisten anderen Ländern ist die Möglichkeit der Abwahl laut Kommunalordnung gegeben. Allerdings haben Baden-Württembergs Bürger die Möglichkeit, den Amtsinhaber nach acht Jahren nicht mehr zu bestätigen, wenn er sich für eine neue Amtszeit bewirbt. Diese »Nicht-Wahl« kommt einer Abwahl gleich. Die Abwahl eines sich für eine weitere Amtszeit bewerbenden Bürgermeisters ist eher selten. Betroffen waren davon knapp fünf Prozent der Amtsinhaber in den Jahren von 1973 bis 2003 (vgl. Kern 2008). Von 2010 bis 2015 wurde bei 40 Bürgermeisterwahlen der Amtsinhaber, der sich zur Wiederwahl gestellt hatte, nicht mehr gewählt. Dies entspricht ebenfalls knapp fünf Prozent (Schwarz 2017b, S. 28). Die oben erwähnte hausinterne Analyse der LpB konstatiert für die Jahre 2016 bis 2018 insgesamt 21 Wahlen, bei denen der Amtsinhaber letztendlich keine Mehrheit auf sich vereinen konnte. Der Anteil von 5,1 Prozent liegt damit ähnlich hoch wie in den vorausgegangenen Studien.

Timm Kern hat in einer breit angelegten Studie 163 Abwahl-Fälle zwischen 1973 und 2003 analysiert. Mehrere Gründe gaben für die Abwahl bzw. für den »Denkzettel« der Bürger den Ausschlag: Der Amtsinhaber hat aus Sicht der Bürger gegen die Ortsbindung verstoßen. Da die allermeisten Kandidaten von außerhalb kommen, versprechen sie im Wahlkampf oftmals, nach einer erfolgreichen Wahl ihren auswärtigen Wohnsitz aufzugeben. Löst ein Bürgermeister dieses Versprechen in absehbarer Zeit nicht ein, kann dies Sympathie- und Glaubwürdigkeitsverlust nach sich ziehen. Ein Amtsinhaber weckt auch dann das Misstrauen der Bürger, wenn er sich um einen anderen, vermeintlich »attraktiveren« Bürgermeisterposten bewirbt. Ausschlaggebend für eine Abwahl ist aber in den meisten Fällen das Unvermögen des Bürgermeisters, den Gemeindefrieden auf Dauer zu bewahren (vgl. Kern 2008).

5 Akteure: Bürgermeister, Gemeinderat und Bürger

Frauen als Bürgermeister sind eher rar

Burgstetten hat als einzige Gemeinde im Rems-Murr-Kreis eine Verwaltung, in der ausschließlich Frauen arbeiten. Nachdem der Kämmerer im Jahr 2015 in den Ruhestand ging, wurde dessen Stelle mit einer Frau besetzt. Die im »männerfreien« Rathaus geleistete Arbeit der Bürgermeisterin und ihrer Kolleginnen wird in der kleinen Gemeinde überaus geschätzt. Der einzige »Quoten-Mann« ist ein Angestellter vom Bauhof der Gemeinde, der auf Abruf die Hausmeisterarbeiten erledigt. Die Vereinbarkeit von Familie und Beruf hat im Rathaus von Burgstetten einen hohen Stellenwert. Heimarbeit zur besseren Vereinbarkeit von Familie und Beruf ist in Burgstetten eine Selbstverständlichkeit (*Backnanger Kreiszeitung*, 5.7.2016). Eine Frau als Rathauschefin ist im übrigen Baden-Württemberg aber noch immer keine Selbstverständlichkeit.

> Anlässlich des Internationalen Frauentags am 8. März wurden fünf Bürgermeisterinnen im Rems-Murr-Kreis nach ihren Erfahrungen gefragt:
>
> »Ist das hier ein Emanzentreff?« Diese Frage hat Irmtraud Wiedersatz, Bürgermeisterin der Gemeinde Burgstetten, gehört, als drei Amtskolleginnen zum Gespräch zusammenstanden. Sie weiß: »Niemand würde auf die Idee kommen, drei Männer so etwas zu fragen, wenn die zusammenstehen und quatschen.« Es ist nur eines von vielen Beispielen, denn in ihren 24 Jahren als Rathauschefin hat Wiedersatz einiges gesehen und gehört. »Was man als Frau erlebt, das ist enorm.« Offizielle Anschreiben an den »Herrn Bürgermeister«, verbunden mit der Aufforderung, zur Veranstaltung mit Frack zu erscheinen und die Ehefrau mitzubringen – all das hat es schon gegeben. [...] Im Laufe ihrer Amtszeit habe sich aber einiges verändert. War in Wiedersatz' Anfangsjahren noch oft der Tenor, »Frauen gehören an den Herd« vorherrschend, sei die Resonanz der Bürger nun meist eine andere. »Ich habe schon oft

gehört: Jetzt gibt's Frauenpower im Rathaus«, erzählt Sabine Welte-Hauff, die Bürgermeisterin Aspachs. Das Feedback der Bürger sei überwältigend positiv gewesen, sie habe viel Unterstützung erfahren. Laut Gabriele Zull, Oberbürgermeisterin von Fellbach, braucht es aber auch Mut, den Chefposten anzustreben: »Frauen trauen sich leider oft noch zu wenig zu.« »Man ist ein Exot«, sagt Katja Müller, Bürgermeisterin von Kaisersbach. Und das bekommen die Rathauschefinnen zu spüren. »Als Frau musst du besser sein, du musst dich beweisen. Das ist auch heute noch so«, erklärt Wiedersatz. Bei Frauen sei voller Einsatz gefragt, schildert Müller: »Frauen müssen 120 Prozent bringen, um Anerkennung zu bekommen, während ein Mann vielleicht mit 80 Prozent durchkommt.«
(*Backnanger Kreiszeitung*, 8.3.2019)

Im Bereich der Kommunalverwaltung stellen gut ausgebildete und qualifizierte Frauen längst die Mehrheit. Politikwissenschaftler sprechen gar von eine »Feminisierung der Kommunalverwaltung« (Hans-Georg Wehling). Knapp zwei Drittel der im kommunalen Bereich Beschäftigten und mehr als drei Viertel der Studierenden an den *Hochschulen für öffentliche Verwaltung* in Kehl und Ludwigsburg sind Frauen. Absolventinnen dieser Hochschulen entscheiden sich meist für eine Anstellung in den Kommunalverwaltungen, weil sie dort ihre Arbeitszeit an die familiären Bedürfnisse anpassen können.

Doch wie sieht es mit Bürgermeisterinnen aus? Frauen in kommunalen Spitzenämtern sind eine Seltenheit. 90 Städte und Gemeinden im Land werden mittlerweile laut *Staatsanzeiger Baden-Württemberg* von Bürgermeisterinnen regiert (Stand: Februar 2019). Und auch bei den Gemeinderätinnen sieht es nicht anders aus: Baden-Württemberg ist bundesweites Schlusslicht! Im Vergleich mit den anderen Ländern hat das »Ländle« die wenigsten Kommunalpolitikerinnen. Landesweit dümpeln die Werte bei etwas über 25 Prozent (Stand: Mai 2019). Oberbürgermeisterinnen sind noch seltener anzutreffen: 2021 gab es in Baden-Württemberg nur sieben Amtsinhaberinnen.

Betrachtet man die Frauen- und Männeranteile in kommunalpolitischen Führungspositionen bundesweit genauer, zeigt sich ein ähnliches Bild. Laut einer Studie aus dem Jahr 2020 beläuft sich der Anteil der gewählten Bürgermeisterinnen bundesweit auf neun Prozent, bei amtierenden Oberbürgermeisterinnen liegt der Anteil bei 8,1 Prozent.[24]

Die Chancen, Rathauschefin zu werden, hängen auch von der Größe der Kommunen ab. Der Frauenanteil unter den Bürgermeisterposten lag 2014 in Kommunen unter 10.000 Einwohnern bei ca. 7,7 Prozent und betrug 9,7 Prozent in Gemeinden zwischen 10.000 und 20.000 sowie 9,5 Prozent in Städten zwischen 20.000 und 50.000 Einwohnern (Lukoschat/Belschner 2014, S. 15). Die Prozentwerte sind ein Beleg, dass es Frauen in Städten leichter haben, in Führungspositionen zu gelangen. In Städten ist die Sensibilität für Chancengleichheit in höherem Maße gegeben. Und wie sieht die »typische« Kommunalpolitikerin – im Gemeinderat und als Bürgermeisterin – in Städten aus? Sie ist in der Regel in der zweiten Lebenshälfte, die Kinder sind »aus dem Gröbsten heraus«. Die Hälfte von ihnen besitzt einen akademischen Abschluss (Schlote 2013, S. 4 f.).

In ländlichen Räumen sind traditionelle Rollenbilder eher noch verbreitet, auch bei Frauen selbst (s. Textkasten). Frauen wird eher die private und häusliche Rolle zugeschrieben, Männern hingegen die aktive und gestaltende. Frauen wird es seltener zugetraut, eine Leistungsfunktion in der Kommunalpolitik zu übernehmen. In manchen Kommunen gibt es noch »Ewiggestrige«, die Probleme mit einer Frau als Bürgermeisterin, Verwaltungschefin oder Gemeinderatsvorsitzenden haben.

Das hat Anja Dietze bitter erfahren. Beflügelt von den Ergebnissen ihrer Dissertation und nach langjähriger Zusammenarbeit mit dem Oberbürgermeister der Stadt Esslingen, wagte sie selbst den

---

24 https://www.frauen-macht-politik.de/buergermeisterinnen/ [17.8.2021].

Sprung: Sie bewarb sich um den Bürgermeisterposten in Herrenberg bei Stuttgart. Ausgerechnet in einer konservativen Gegend, zusammengelegt aus mehreren Dörfern. Doch »es gab eine Wechselstimmung«; der alte Bürgermeister, schon viel zu lange im Amt, hatte ein Gefühl des Stillstands entstehen lassen, man wollte frischen Wind. [...] Anja Dietze, mit einer Zwei- und Dreijährigen, hatte mit ihrem Mann, einem Informatiker verabredet, dass er – im Falle ihrer Wahl – zunächst zu Hause bleiben und später von dort aus freiberuflich arbeiten würde. Aber diese Rechnung hatte sie ohne die schwäbischen Hausfrauen der Gemeinde gemacht. Die tauchten nämlich scharenweise in ihren Wahlveranstaltungen auf und fragen Dietze ungläubig, wie sie das denn ihren Kindern antun könne!? Das ginge ja gar nicht, das werde sie ganz schnell merken. Und als Dietze ihren Mann erwähnte, der sich um die Kinder kümmern wolle, hieß es: »Wie kann man denn das von einem Mann verlangen? Der wird doch kreuzunglücklich. Was muten Sie dem zu?« [...] Dietze verlor die Wahl und schnitt besonders schlecht in den Wahlkreisen mit vielen jungen Familien ab.[25]

Ein weiterer Hemmschuh sind die Gemeinderatsfraktionen, Wählervereinigungen und Parteien selbst, die männliche Kandidaten bevorzugen und Männern mehr politische Fähigkeiten zutrauen. Gegen diese Männernetzwerke anzukommen, ist nicht immer leicht. Will man den Frauenanteil in der Kommunalpolitik erhöhen, sind mehrere Maßnahmen geeignet:

♦ Erfahrene Mentorinnen (Ratgeberinnen) begleiten und schulen kommunalpolitische Neueinsteigerinnen. Diese unterstützenden Netzwerke erleichtern den Zugang zur Politik.

---

25 https://library.fes.de/pdf-files/dialog/09501/04-2014.pdf, S. 19 ff. [20.10.2021].

5 Akteure: Bürgermeister, Gemeinderat und Bürger

- Parteien und Wählervereinigungen entscheiden sich für ein Frauenquorum, d. h. ein bestimmter Prozentsatz von Frauen muss bei Kommunalwahlen auf den Kandidatenlisten platziert werden.
- Eine konsequente Spielart ist das Reißverschlussverfahren. Indem jeweils auf einen Kandidaten eine Kandidatin folgt, werden die Plätze auf den Stimmzetteln gleichberechtigt vergeben. Ob die Wählerschaft an dieser Platzierung Geschmack findet, ist allerdings nicht gewährleistet. Das baden-württembergische Kommunalwahlrecht sieht die Möglichkeiten des Panaschierens und Kumulieren vor. Die Quotierung kann durch den Wählerwillen rückgängig gemacht werden.
- Inzwischen liegen auch Handbücher vor, die einen »Fahrplan« für Frauen anbieten, die eine kommunalpolitische Spitzenfunktion anstreben (Weisensee 2019). Gezielte Strategieberatung und Coaching können dazu beitragen, vermehrt Frauen die Entscheidung zur Kandidatur zu erleichtern.

Was verdient ein Bürgermeister eigentlich?

Wie wird der Fulltime-Job eines Bürgermeisters mit einer überdurchschnittlich hohen Belastung vergütet? Die Besoldung ist in jedem Bundesland unterschiedlich geregelt. In Baden-Württemberg ist für die Vergütung zunächst die Frage ausschlaggebend, ob ein Bürgermeister hauptamtlich oder ehrenamtlich tätig ist. In Gemeinden mit weniger als 500 Einwohnern ist das Bürgermeisteramt immer ein Ehrenamt. (Liegt die Gemeindegröße zwischen 500 und 2000 Einwohnern, muss der Gemeinderat festlegen, ob das Amt ehrenamtlich ausgeübt wird oder ob die Kommune einen hauptamtlichen Bürgermeister wählt.) Ehrenamtliche Bürgermeister erhalten eine monatliche Aufwandsentschädigung. Seit dem 1. November 2016 bekommen Bürgermeister in Gemeinden mit 500 Einwohnern einen Mindestbetrag von 849, höchstens jedoch 1636 Euro. Mit zunehmender Gemeindegröße steigt die Aufwandsentschädigung. So beträgt sie z. B. bei einer Einwohnerzahl von 500 bis 1000 minimal 1567, maximal 2930 Euro.

Die Vergütung der hauptamtlichen Bürgermeister wird durch die sogenannte Landeskommunalbesoldungsverordnung geregelt und ist auch dort einsehbar.[26] Ausschlaggebend für die Besoldungsgruppe ist die Größe bzw. die Einwohnerzahl der Kommune.

Tab. 9: Besoldung von Bürgermeistern (Stand 2021)

Einwohnerzahl	Besoldungsgruppen und Grundgehalt	Prozentualer Anteil Kommunen (N=1101)
bis zu 1000	A 12 (4720,01) / A 13 (5246,00)	6,6 %
bis zu 2000	A 14 (5808,53) / A 15 (6558,36)	10,4 %
bis zu 5000	A 15 (6558,36) / A 16 (7305,80)	36,5 %
bis zu 10.000	A 16 (7305,80) / B 2 (7618,24)	24,1 %
bis zu 15.000	B 2 (7618,24) / B 3 (8066,95)	10,3 %
bis zu 20.000	B 3 (8066,95) / B 4 (8536,89)	3,2 %
bis zu 30.000	B 4 (8536,89) / B 5 (9076,07)	2,5 %
bis zu 50.000	B 6 (9076,07) / B 7 (10.080,51)	4,5 %
bis zu 100.000	B 7 (10.080,51) / B 8 (10.596,69)	1,2 %
bis zu 200.000	B 9 (11.237,62) / B 10 (13.228,02)	0,5 %
bis zu 500.000	B 10 (13.228,02) / B 11 (13.741,00)	0,3 %
Über 500.000	B 11 (13.741,00)	0,1 %

Quelle: Landesbesoldungsverordnung Baden-Württemberg[27]

---

26 http://www.landesrecht-bw.de/jportal/?quelle=jlink&query=KomBesG+BW&psml=bsbawueprod.psml&max=true&aiz=vtrue [14.10.2021].

27 http://www.besoldung-baden-wuerttemberg.de/beamtenrecht_in_baden_wuerttemberg/besoldungsrecht_in_baden_wuerttemberg/landesbesoldungsordnung_a [16.8.2021].

Doch was bedeuten die Besoldungsgruppen nun »übersetzt« in Euro? Der Besoldungsverordnung zufolge kommt Stuttgarts Oberbürgermeister als Rathauschef der Landeshauptstadt (mit über 630.000 Einwohnern) im Monat auf über 13.000 Euro (Besoldungsgruppe B 11). Hier eine kleine Auswahl an Vergütungen: In Überlingen (21.625 Einwohner) und Waldshut-Tiengen (22.729 Einwohner) richtet sich die monatliche Besoldung nach B 4 oder B 5 und liegt damit zwischen 8536 und 9076 Euro. In Singen (45.531 Einwohner) und in Ravensburg (50.393 Einwohner) bewegen sich die Vergütungen zwischen 9585 und 10.080 Euro. Im südbadischen Freiburg liegt die Besoldung zwischen 13.228 und 13.741 Euro.[28] In kleineren Kommunen mit 2000 bis 10.000 Einwohnern erhalten Bürgermeister eine Besoldung (A 16), die z. B. der Direktor eines Gymnasiums bekommt. Um als Bürgermeister im Grundgehalt mit Landtagsabgeordneten (Stand 2021: 7972 Euro) mithalten zu können, müssen sie ihr Amt in Kommunen mit über 10.000 und bis zu 15.000 Einwohnern ausüben. Das Niveau von Bundestagsabgeordneten (Stand 2021: 10 083 Euro ohne Aufwandsentschädigung) erreichen Oberbürgermeister in Städten mit über 30 000 und bis zu 50 000 Einwohnern.

Hauptamtliche Bürgermeister erhalten einen Familienzuschlag, wenn sie verheiratet sind. Vom Grundgehalt samt Zulagen zahlen sie selbstverständlich Steuern. Anders als Arbeitnehmer in der gesetzlichen Sozialversicherung werden Beamten keine Beiträge für die Arbeitslosen-, Renten- und Krankenversicherung abgezogen. Beamte müssen sich jedoch privat krankenversichern.

Über solche Vergütungen lässt sich trefflich streiten. Mit Blick auf den eigenen Lohnzettel kann man neidisch die Höhe der Besoldung kritisieren. Legt man als Maßstab jedoch Managergehälter an, wird rasch klar, dass der Verdienst eines Oberbürgermeisters – gemessen an seiner Arbeitszeit, seinen Aufgaben und seiner Verantwortung –

---

28 http://www.suedkurier.de/nachrichten/baden-wuerttemberg/Wie-viel-unsere-Buergermeister-verdienen; art417930,6537239 [14.10.2021].

nicht sonderlich üppig ist. Und man sollte nicht vergessen, dass Bürgermeister eine hohe Anerkennung und Wertschätzung für ihre Tätigkeit bekommen. Dies zu erfahren, kann auch eine Art von »Vergütung« sein.

Der Gemeinderat: »Laien- und Feierabendpolitiker«

Sitzen im Gemeindeorgan Idealisten, Karrieristen, Experten, Vereinsmeier oder Macher und Mitgestalter, denen das Wohl der Gemeinde am Herzen liegt? Menschen also, die davon ausgehen, dass man im Kleinen etwas bewirken und Einfluss nehmen kann. Wer bewirbt sich um einen Gemeinderatssitz? Wer stellt sich für diese (gelegentlich auch undankbare) Aufgabe zur Verfügung? Haben Gemeinderäte ein typisches Sozialprofil? Mit wie viel Lust und Frust ist diese ehrenamtliche Tätigkeit verbunden? Wie groß ist die zeitliche Belastung und wie der Arbeitsaufwand?

Warum engagiert man sich im Gemeinderat?

Paul Witt, Rektor der *Hochschule für öffentliche Verwaltung Kehl*, hat mit einer Mitarbeiterin und Studierenden 2008 und 2010 zwei Untersuchungen durchgeführt, die sich mit Gemeinderäten und Stadträten befassten (Witt 2012, S. 90 f.). Unter anderem wurden insgesamt 3557 Gemeinde- und Stadträte gefragt, warum sie sich kommunalpolitisch engagieren. 39 Prozent gaben an, etwas für das Allgemeinwohl tun zu wollen. Für 23 Prozent waren Freunde oder Parteimitglieder, die sie zur Kandidatur ermunterten, ausschlaggebend. Nur 16 Prozent wollten Missständen und Ungerechtigkeiten entgegenwirken. Anders sah die Situation bei den Stadträten aus: 35 Prozent der Stadträte wollten mit ihrem Engagement kommunalen Missständen und Ungerechtigkeiten entgegenwirken.

5 Akteure: Bürgermeister, Gemeinderat und Bürger

Gute Absichten allein genügen aber noch nicht. Man braucht ausreichend Wählerstimmen, um einen Sitz im Gemeinderat zu erringen. Das Kommunalwahlsystem Baden-Württembergs kommt dem Wunsch der Wähler durch die Möglichkeiten des Kumulierens (Stimmhäufung) und Panaschierens (Stimmverteilung auf unterschiedlichen Listen) in besonderem Maße entgegen. Gewählt werden somit bekannte Personen, die in den Augen der Wähler eine wichtige Rolle in der Gemeinde spielen. Wie bei der Bürgermeisterwahl wird personenorientiert gewählt. Es kommen nicht nur die »besten Köpfe« zum Zug, genauso wichtig ist eine gewisse Parteiunabhängigkeit der Gemeinderäte. Bereits vor der eigentlichen Gemeinderatswahl schlägt sich dies in den Wahlvorschlägen nieder. Wählervereinigungen und Parteien, die die Vorlieben und Wünsche der Wähler kennen, berücksichtigen dies bei der Aufstellung der Kandidatenlisten. Gewählte Gemeinderäte bestätigen dies. Befragt nach den Gründen, die für ihre Wahl ausschlaggebend waren, nannten sie an erster Stelle ihren Bekanntheitsgrad (31,2 %), gefolgt von einem vorderen Listenplatz auf der Kandidatenliste (20,2 %). Der Listenplatz spielt vor allem in Städten eine große Rolle. Die Listen in kleinen Gemeinden sind überschaubar, in Städten dagegen wesentlich länger. Oft bekommen die begehrten vorderen Listenplätze die meisten Stimmen. Auch das Engagement in Vereinen und Verbänden (18,8 %) wurde als ein weiterer ausschlaggebender Grund für den Wahlerfolg genannt (Witt 2012, S. 96 f.).

Die Vorstellung der Bürger, dass ein Gemeinderat möglichst über Parteigrenzen hinweg denken und entscheiden soll, ist der Grund für die vielen Wählervereinigungen in Baden-Württemberg. Eine Wählervereinigung ist ein Zusammenschluss von Wählern zum Zweck der Aufstellung und Unterstützung von Kandidaten. Wählervereinigungen unterscheiden sich von Parteien, da sie häufig nur für eine begrenzte Zeit und in der Region bzw. der Kommune aktiv sind. Sie haben im Gegensatz zu Parteien auch keine überregionale und dauerhafte Organisation. Wählervereinigungen sind in Baden-Württemberg recht erfolgreich. Bei Gemeinderatswahlen verbuchen sie regelmäßig einen hohen Stimmenanteil. Bei den Gemeinderatswahlen 2009 waren die Wählervereinigungen mit 37,6 Prozent der Stimmen die stärkste Kraft. Im Jahr 2014 konnten sie ein gutes Drittel aller Stimmen (33,5 %) für sich verbuchen. 2019 errangen sie erneut mit 39,1 Prozent den höchsten Stimmenanteil.

Wählervereinigungen haben vor allem in kleinen und mittleren Gemeinden ein starkes Gewicht. Die klassischen Parteien spielen in Städten eine wesentlich größere Rolle. Mit zunehmender Ortsgröße nimmt der Einfluss der Parteien zu. Der Stuttgarter Gemeinderat hat 60 Mitglieder. Bündnis 90/Die Grünen sind mit 16 Sitzen die stärkste Fraktion, gefolgt von der CDU mit zwölf Sitzen. Die SPD hat sieben Sitze, ebenso wie die Fraktion Linke, SÖS (Stuttgart ökologisch sozial), Piraten und Tierschutzpartei. Die Fraktionsgemeinschaft PULS hat fünf Sitze inne. Die Freien Wähler haben immerhin noch vier Sitze, die AfD ebenfalls. Die FPD ist mit fünf Sitzen vertreten. Hinzu kommen noch einzelne Sitze von kleineren Parteien. Angesichts der unterschiedlichen Gruppierungen ist der Erhalt der Leistungsfähigkeit der kommunalen Entscheidungsebene keine leichte Aufgabe.

Wer bewirbt sich für einen Sitz im Gemeinderat? Wer stellt sich für dieses Amt, das mit Lust und Frust verbunden ist, zur Verfügung? In aller Regel sind es Ortsansässige, die einen hohen Bekanntheitsgrad haben. Diese »gestandenen«, mittelständischen und ortsverbundenen Einwohner gehören zum Establishment der Gemeinde. Gewählt wird, wen man kennt und wer in der Gemeinde etwas gilt. Die allermeisten Gemeinderäte sind »Honoratiorenversammlungen« (Helmut Köser), d. h. sie haben Rang und Namen. Zwei Untersuchungen von Paul Witt geben Aufschluss über das Sozialprofil der Gemeinderäte:

- *Alter*: Die Mehrheit der Stadträte ist 45 bis 55 Jahre als (32,9 %), bei den Gemeinderäten sind es 35 Prozent. Fast ein Viertel der Stadträte ist zwischen 55 und 65 Jahre alt, bei den Gemeinderäten stellt diese Altersgruppe 30 Prozent. Das Durchschnittsalter ist also relativ hoch, junge Menschen sind seltener in Gemeinderäten vertreten.
- *Familienstand*: Die Mehrheit der befragten Stadträte (69,9 %) und Gemeinderäte (85 %) ist verheiratet. Ein Viertel der Ratsmitglieder in den Großstädten ist ledig.

5 Akteure: Bürgermeister, Gemeinderat und Bürger

- *Schulbildung*: Nahezu drei Viertel der Stadträte haben das Abitur oder die Fachhochschulreife. Bei den Gemeinderäten hingegen sind es 50 Prozent. In kleinen und mittelgroßen Gemeinden haben rund ein Viertel der Befragten die Mittlere Reife oder den Hauptschulabschluss.
- *Beruf*: Freiberufliche und selbstständige Gemeinderäte (30,8 %) sowie Angestellte (34,1 %), Beamte (13,6 %) und Lehrer (8,6 %) machen die deutliche Mehrheit in den Gemeinderäten aus. Facharbeiter und Arbeiter sind mit etwas über drei Prozent in der Minderheit. Landwirte kommen vor allem im ländlichen Raum auf immerhin sieben Prozent der Gemeinderatssitze.
- *Grundbesitz*: Ein eigenes Heim und Grundbesitz sind in Württemberg (67,2 %) und Baden (59,6 %) die Regel. Wer lange in einer Gemeinde oder eine Stadt wohnt, hat in der Regel ein Eigenheim (Witt 2012, S. 108 f.)

Nur jeder vierte Gemeinderat ist weiblich

Der Frauenanteil ist in Gemeinderäten immer noch gering. Bei den Gemeinderatswahlen im Jahr 2019 belief sich der Anteil der Gemeinderätinnen auf 26,8 Prozent. Gewählt wurden 13.669 Männer, hingegen nur 5006 Frauen. Mit der Gemeindegröße nahm auch der Frauenanteil zu. Neben Stuttgart lag der Anteil der gewählten Gemeinderätinnen in Karlsruhe, Mannheim, Freiburg, Heidelberg, Ulm und Reutlingen mit mehr als 30 Prozent über dem Landesdurchschnitt. In 19 Gemeinderäten betrug der Frauenanteil 50 Prozent oder mehr. In drei baden-württembergischen Gemeinderäten stellen Frauen die Mehrheit: In Ingersheim (Kreis Ludwigsburg) mit elf von insgesamt 18 Gemeinderatsmitgliedern, mit sieben von zwölf Sitzen in Waldburg (Kreis Ravensburg) sowie mit acht von 14 Mitgliedern in Rosenfeld (Zollernalbkreis). In 16 Kommunen sind Frauen und Männer zu gleichen Teilen im Gemeinderat vertreten (Eisenreich/Glück 2020, S. 49).

Die Präsenz von Frauen in den Gemeinderäten unterscheidet sich zwischen den einzelnen Parteien und Wahlvorschlägen. Bündnis 90/

Die Grünen können mit dem höchsten Frauenanteil (49,0 %) aufwarten, gefolgt von der Partei Die Linke (39,1 %). Für die SPD lässt sich gleichfalls ein hoher Frauenanteil (36,0 %) feststellen. Bei Wählervereinigungen beträgt der Anteil etwas mehr als ein Viertel (26,0 %). Gemeinsame Wahlvorschläge von Parteien und Wählervereinigungen liegen mit 25,5 Prozent knapp dahinter. Deutlich unter dem Landesdurchschnitt liegt die CDU mit einem Frauenanteil von 20,2 Prozent. Dies gilt gleichermaßen für die FDP (19,1 %). Das Schlusslicht bildet die AfD mit einem Frauenanteil von 6,8 Prozent. Von 117 Gemeinderatssitzen wurden nur acht mit Frauen besetzt (Glück 2020, S. 11).

Die hohen Frauenanteile bei Bündnis 90/Die Grünen, der Partei Die Linke und der SPD erklären sich durch die paritätische Besetzung der Wahllisten. Anlässlich der Kommunalwahlen im Jahr 2019 wurde in das Kommunalwahlgesetz eine »Soll-Bestimmung«, das sogenannte Reißverschlussprinzip, aufgenommen. Diese Bestimmung sieht vor, dass die Wahllisten abwechselnd mit Männern und Frauen besetzt werden sollen. 23,3 Prozent der Wahlvorschläge von Bündnis 90/Die Grünen hielten das Reißverschlussprinzip bis zum letzten Listenplatz ein, gefolgt von der SPD mit 10,9 Prozent und 9,7 Prozent bei der Partei Die Linke. Die Wahlvorschläge der anderen Parteien lagen unter einem Prozent. Lediglich 0,3 Prozent der CDU- und 0,7 Prozent der FDP-Wahlvorschläge hatten eine vollständig paritätische Verteilung der Listenplätze zwischen Frauen und Männern (Glück 2020, S. 16). Die AfD konnte keine einzige Liste mit einem vollständigen Reißverschluss vorlegen. Die AfD trat bei der Kommunalwahl in vielen Gemeinden und Städten nicht mit kompletten Listen an, mangelte es ihr doch schlichtweg in der Breite an Kandidatinnen und Kandidaten. Anfang Mai 2019 reichte die AfD drei Wochen vor der Kommunalwahl am 26. Mai 2019 in sechs Städten überhaupt keine Wahlvorschläge ein. In weiteren Kommunen gerieten die AfD-Listen sehr kurz (*Stuttgarter Nachrichten*, 7.5.2019).

Die Anwendung des Reißverschlussprinzips garantiert jedoch nicht automatisch einen ausgeglichenen Anteil von Frauen und Männern in den Gemeinderäten. Durch die Möglichkeiten des Kumulierens und Panaschierens können die Wählerinnen und Wähler ihre Stimmen auf diejenigen Kandidatinnen und Kandidaten verteilen, die ihnen am geeignetsten erscheinen – und zwar unabhängig vom Listenplatz und der Listenzugehörigkeit. Damit kann eine durch das Reißverschlussprinzip erreichte Quotierung von den Wählerinnen und Wählern rückgängig gemacht werden.

Der Frauenanteil in den Gemeinderäten ist noch weit entfernt von einer paritätischen Verteilung. Kommunalpolitik ist (immer noch) in aller Regel männlich. Das ist deshalb ein Problem, weil viele kommunalpolitische Fragen das Fachwissen von Frauen bräuchten. Gerade wenn es um Kindergärten, Spielplätze, Schulen oder die Vereinbarkeit von Familie und Beruf geht, ist der Rat von Frauen gefragt. Anzumerken bleibt, dass es in Baden-Württemberg immer noch 22 Gemeinderäte gibt, in denen keine einzige Frau vertreten ist!

Was tun und was bewegen Gemeinderäte?

Obwohl Frauen in den meisten Gemeinderäten in der Minderheit sind, leisten sie dieselbe Arbeit wie ihre männlichen Kollegen (s. Textkasten).

Befragt nach ihren Erfahrungen und ihrer Arbeit im Gemeinderat gibt eine Gemeinderätin in einem Interview bereitwillig Auskunft.

»Was kann man als Gemeinderätin überhaupt bewegen?

Jeder Einzelne kann im Gemeinderat initiativ werden. Die Bürgerinnen und Bürger wissen ja, wer im Gemeinderat ist. Sie treten dann an einen heran und sagen: »Dieser Punkt, da müsste man jetzt mal dringend etwas ändern.« [...] Generell bin ich als Gemeinderätin an allen wichtigen Entscheidungen in der Gemeinde beteiligt.

Spielt dabei Parteipolitik eine Rolle?

Es geht in der Regel um die beste Lösung, so dass Parteipolitik nicht die entscheidende Rolle spielt. Aber es gibt schon auch Fälle, wo man sich entscheiden muss, ob man z. B. viel Geld für den Ausbau einer Gemeindeverbindungsstraße ausgibt oder ob man das Geld lieber in einen Spielplatz oder einen Kindergarten steckt. Das ist dann schon eine »politische« Entscheidung. [...] Unser Bürgermeister liebt z. B. keine Konfliktentscheidungen. Der versucht den Konsens so weit voranzubringen, dass bis auf drei, vier Mitglieder alle zustimmen. Das Gemeinsame überwiegt und bei der Nachsitzung sitzen alle Fraktionen zusammen – und das ganz entspannt. Man lebt schließlich in der gleichen Stadt und begegnet sich ständig. Da geht man nicht konfrontativ aufeinander zu. [...]

Wie viel hat man als Gemeinderätin zu tun?

Da sind zunächst die Gemeinderatssitzungen. Ausschuss- und Fraktionssitzungen kommen hinzu. Und dann eben auch die Bürger, die anrufen, Briefe schreiben, einen ansprechen. Meine Tochter hat mich früher immer kritisiert: »Wenn man samstags nur wegen einer Kleinigkeit zum Einkaufen geht, braucht man mit dir zwei Stunden dafür.« Was die Sitzungsgelder anbelangt – wir sind eine kleine Gemeinde – so gibt es im Jahr ungefähr 200 Euro.

Was würden Sie jemandem sagen, um sie oder ihn zu einer Kandidatur zu überzeugen?

Das ist die Möglichkeit, aktiv zu werden und zu gestalten. Und man kann dem Umfeld, aus dem man kommt – als Elternvertreterin, Mitglied eines Vereins, Bürger mit Migrationshintergrund oder was auch immer – Gehör verschaffen. Persönlich gewinnt man

5 Akteure: Bürgermeister, Gemeinderat und Bürger

> neue Kontakte, erweitert das Gesichtsfeld. [...] Es lohnt sich in jedem Fall.«[29]

Das Interview zeigt sehr deutlich, dass ein solches Ehrenamt ohne Engagement und Zeitaufwand nicht machbar ist. Aktenstudium und die Vorbereitung auf die abendlichen Sitzungen finden in der Freizeit statt. In Städten sind monatlich eine oder zwei Sitzungen die Regel. In kleineren und mittleren Gemeinden findet zumeist eine Gemeinderatssitzung pro Monat statt. Beträgt in kleineren Kommunen der durchschnittliche Arbeitsaufwand zirka 35 Stunden im Monat, kann er in Städten doppelt so hoch sein (Witt 2012, S. 105 f.). Im Schnitt arbeiten die Räte 30 bis 40 Stunden pro Monat für ihre Kommune. Gemessen an diesem Arbeitsvolumen sind die Sitzungsgelder bzw. Aufwandsentschädigungen, die versteuert werden müssen, eher bescheiden. Das monatliche Salär beträgt bei Gemeinden bis 5000 Einwohner unter 100 Euro. Ein Heilbronner Stadtrat kommt auf 600 Euro, während in Stuttgart den Räten ein Grundbetrag von 1500 Euro plus 60 Euro pro Sitzung zusteht (*Stuttgarter Nachrichten*, 16.8.2021).

Das in den Feierabend »verbannte« Engagement der Gemeinderäte begünstigt den Wissens- bzw. Informationsvorsprung des Bürgermeisters. Dies kann die Arbeit der Gemeinderäte erschweren. Alle Kommunalpolitikexperten weisen einhellig auf dieses Problem hin: Bürgermeister und Verwaltung haben gegenüber den »Feierabendpolitikern« im Gemeinderat zumeist einen Informationsvorsprung. Aber selbst ein starker Bürgermeister braucht Mehrheiten im Gemeinderat. Die Trumpfkarte in der Hand der Gemeinderäte ist ihre starke Position in der Entscheidungsphase der Sitzung.

Das Interview belegt auch die eher einvernehmliche Politik und zeigt, dass Kommunalpolitik in Baden-Württemberg im Allgemeinen kooperativ verläuft. »Konsens anstatt Konfrontation« lautet die

---

29 http://www.politikundunterricht.de/kommunalwahl09/kommunalwahl09.htm [25.5.2017].

Devise in den allermeisten Gemeinderäten. Gelegentlich prallen zwar die Interessen aufeinander und »Heckenschützen« unter den Gemeinderatsmitgliedern können für Unmut sorgen. In allen Gemeinderäten gibt es kritische Köpfe, die nicht als »Kopfnicker« gelten möchten, sich gerne profilieren und letztlich die Sitzungen beleben. In den Nachsitzungen aber, d. h. dem nicht mehr offiziellen Teil im Anschluss an die Gemeinderatssitzung, findet man bei einem Glas Bier oder Wein dann doch wieder entspannt zusammen.

Ob das Urteil von Hans Huber, dem dienstältesten Gemeinderat Deutschlands, repräsentativ ist, sei einmal dahingestellt. 56 Jahre saß Huber im Gemeinderat von Leinfelden-Echterdingen. Im Dezember 2018 trat er zurück. Die persönliche Bilanz des 92-Jährigen, die eine gehörige Portion Politikverdrossenheit enthält, fällt nicht nur freundlich aus:

»Nicht alle Stadträte sind qualifiziert«, sagt er. »Die Hälfte ist reines Stimmvolk, Strohpuppen« [...]. »Ich kenn im Bundestag aber genauso viele Pflaumen wie im Gemeinderat.« Obwohl Huber auch negativ über die Ratsarbeit spricht, so ist er doch der Ansicht, dass das Gremium die beste Möglichkeit für Bürger ist, ihre direkte Lebenswelt mitzugestalten. »Aber die Hälfte der Bevölkerung kümmert sich um gar nichts«, sagt er. »Nur wenn der Bus vor der eigenen Haustür zu laut ist, wird eine Bürgerinitiative gegründet.« Und wie bekommt man junge Menschen in dieses Gremium? »Das ist ein großes Problem«, sagt Huber. »Die Bereitschaft, soziale Verantwortung zu übernehmen, nimmt ab« (*Stuttgarter Nachrichten*, 9.2.2019).

Die Bürger: Kunden, Auftraggeber (Souverän) und Mitgestalter

Die Bürger einer Kommune haben Anspruch auf öffentliche Dienstleistungen und auf Information, Beratung sowie Fürsorge durch kommunale Einrichtungen. Die Bürger nehmen aber nicht nur als »Kunden« kommunale Dienstleistungen in Anspruch. In der politischen Rangordnung kommen sie vor Gemeinderat und Bürgermeister. Als Souverän (lat. »über allem stehend«) wählen sie unmittelbar den Bürgermeister. Durch die Möglichkeiten des Panaschierens und Kumulierens entscheiden sie bei Kommunalwahlen maßgeblich, welche Kandidaten einen Gemeinderatsposten bekommen. Die Organe einer Gemeinde sind also für die Bürger da, die als »Auftraggeber« die kommunalpolitische Richtung mitbestimmen. Als interessierte Bürger beurteilen sie die Politik ihrer Gemeinde oder Stadt. Von diesem Urteil wiederum hängt ihre Wahlentscheidung ab.

In den letzten Jahren begnügen sich Bürger in Kommunen aber nicht nur mit dem Wahlakt, den sie als ihre staatsbürgerliche Pflicht wahrnehmen. Bürger sind heutzutage besser informiert als noch vor Jahren. Bürgerinitiativen und Interessengruppen aller Art – gegen Stromtrassen und Flüchtlingsheime, gegen Bahnlinien und Windräder – sind so gut organisiert wie selten zuvor. Die Zahl der sogenannten Aktivbürger, die mitgestalten und mitbestimmen wollen, hat deutlich zugenommen. Mehr denn je bringen sich Bürger aktiv ein bei der Gestaltung ihrer Gemeinde oder Stadt. Sie wollen bei Entscheidungen mitreden und nehmen vermehrt direktdemokratische Verfahren – Bürgerbegehren und Bürgerentscheide – in Anspruch. Kein Bürgermeister, keine Verwaltung kann es sich heute noch leisten, die gestiegene Bürgerbeteiligung und den Trend zur direkten Demokratie zu ignorieren.

Dieser Wandel der politischen Beteiligung begann in den 1970er Jahren und nahm vor allem in den letzten beiden Jahrzehnten an Geschwindigkeit zu. Immer mehr Bürgern genügt der alleinige Gang zur Wahlurne als politische Beteiligungsform nicht mehr. Viele Bürger sind längst nicht mehr »verwöhnt« und »verschnullert«, wie es einst Stuttgarts ehemaliger Oberbürgermeister Manfred Rommel behauptete. Bürger wollen heute aktiv in politische Entscheidungsprozesse eingreifen und mitbestimmen. Dieses bürgerschaftliche Engagement bezieht sich auf konkrete Sachfragen, ist zeitlich begrenzt und keineswegs an politische Parteien gebunden. Bürger engagieren sich in ihrer Freizeit aus Überzeugung und mit dem Ziel, politische Entscheidungen zu beeinflussen. Entsteht der Eindruck, dass dieses Engagement folgenlos bleibt, wenden sie sich oft enttäuscht vom kommunalpolitischen Geschehen ab.

In den Medien nehmen vor allem spektakuläre Fragen der Infrastruktur und Flächennutzung die Titelseiten ein. Der Volksentscheid über das Verkehrsprojekt »Stuttgart 21« im Jahr 2011 oder die Abstimmung über die Bebauung des Tempelhofer Feldes in Berlin (Mai 2014) sorgten deshalb für Schlagzeilen, weil sich Befürworter und Gegner solcher Großprojekte oft unversöhnlich gegenüberstehen. Auf Seiten der Projektgegner kommt eine gehörige Portion Unzufriedenheit mit der Politik hinzu. Dies wiederum macht die »Wutbürger« – so der Begriff des Journalisten Dirk Kurbjuweit – für die Medien interessant. Für landesweite Entscheide wird der Begriff Volksentscheid verwendet. Der letzte spektakuläre Volksentscheid in Baden-Württemberg fand am 27.11.2011 statt. Gegenstand des Volksentscheids war die Gesetzesvorlage der Landesregierung »S 21-Kündigungsgesetz«, die die Rücknahme der Beteiligung des Landes an der Finanzierung von Stuttgart 21 vorsah und die bereits vom Landtag abgelehnt worden war. Eine Mehrheit von 58,9 Prozent der gültigen Stimmen sprach sich gegen die Gesetzesvorlage und für die Beibehaltung der Finanzierung des Landes aus. Dem Volksentscheid waren jahrelange, zum Teil erbitterte Auseinandersetzungen von Gegnern und Befürwortern von Stuttgart 21 vorausgegangen.

In Kommunen hingegen wird dieses direktdemokratische Verfahren Bürgerentscheid genannt. Im Vergleich zu Volksentscheiden sind die Sachfragen, die in Gemeinden und Städten zum Gegenstand von

Bürgeranträgen, Bürgerbegehren oder Bürgerentscheiden werden, weitaus weniger spektakulär.

Die einfachste Form der bürgerschaftlichen Mitwirkung ist der Einwohnerantrag (früher: Bürgerantrag). Damit können die Einwohner einer Kommune beantragen, dass der Gemeinderat eine bestimmte Angelegenheit der Kommune behandelt. Der Einwohnerantrag muss schriftlich vorgelegt und von einer bestimmten Anzahl von Bürgern unterschrieben werden. Der Gemeinderat muss die gewünschte Angelegenheit innerhalb von drei Monaten auf die Tagesordnung setzen und behandeln. Ein Einwohnerantrag hat mehrere Vorteile: (1) Der von den Einwohnern gestellte Antrag muss im Gemeinderat behandelt werden. (2) Durch den Einwohnerantrag wird das Thema in die Öffentlichkeit getragen und diskutiert. (3) Die geringe Zahl notwendiger Unterschriften ist eine relativ niedrige Hürde. Allerdings haben die Bürger auf die Entscheidung selbst keinen Einfluss. Die endgültige Entscheidung verbleibt beim Gemeinderat. Lehnt dieser den Antrag ab, ist das Verfahren beendet.

Nachdem der Landtag von Baden-Württemberg Ende 2015 die Gemeindeordnung geändert hat, sind die Hürden für Bürgerbegehren und Bürgerentscheide niedriger geworden:

Bürgerbegehren und Bürgerentscheid:
Die Bürger können einen Bürgerentscheid beantragen. Dafür benötigen sie die Unterschriften von sieben (früher zehn) Prozent aller Wahlberechtigten. In größeren Städten ist die Zahl auf 20.000 Unterschriften gedeckelt. Dieser Vorgang heißt Bürgerbegehren. Gemeinderat und Verwaltung müssen das Bürgerbegehren prüfen und zulassen. Erst dann kommt es zum Bürgerentscheid. Ein Bürgerentscheid ist dann erfolgreich, wenn sich die Mehrheit der Abstimmenden und zugleich mindestens 20 (davor 25) Prozent der Wahlberechtigten dafür aussprechen.

Bürgerentscheide und Bürgerbegehren werden aus mehreren Gründen angestrengt: (1) Innerhalb der Kommune besteht ein ernsthafter

Meinungsstreit, ob eine bestimmte Maßnahme (z. B. geplante Flüchtlingsunterkünfte, Bau eines Einkaufszentrums, Bewerbung für die Landesgartenschau) ergriffen werden soll oder nicht. (2) Durch Bürgerbegehren und Bürgerentscheide können Entscheidungen des Gemeinderates rückgängig gemacht bzw. korrigiert werden. Dies ist häufig der Fall, wenn ein Konflikt in der Kommune festgefahren, vom Gemeinderat aber bereits ein Beschluss gefasst wurde. Man spricht in diesem Fall von einem »Korrekturbegehren«. Setzen die Bürger hingegen eigene Themen auf die Tagesordnung, handelt es sich um ein »Initiativbegehren«.

In der Zeit von 1959 bis 2020 gab es 482 Bürgerentscheide in Baden-Württemberg (*Stuttgarter Nachrichten*, 2.10.2021). Seit der Lockerung der Vorgaben im Jahr 2015 bestimmen die Bürger im Land deutlich mehr direkt mit. So hat sich im Jahr 2016 die Zahl der Bürgerentscheide in Baden-Württemberg um 64 Prozent auf 28 erhöht (*Stuttgarter Nachrichten*, 2.1.2017). 2019 gab es 48, 2020 waren 20 Bürgerentscheide zu verzeichnen. Im Schnitt bleibt die Anzahl bei 30 bis 40 Bürgerentscheiden pro Jahr jedoch überschaubar.

Welche Themen werden zum Gegenstand von Bürgerentscheiden? Vier Beispiele sollen die »Macht« bzw. wie in den letzten beiden Beispielen die »Ohnmacht« der Bürger verdeutlichen. Ende April 2013 entschieden sich 59,6 Prozent der Bürger Überlingens bei einem von Stadt und Gemeinderat angestrengten Bürgerentscheid für die Landesgartenschau im Jahr 2020. 40,4 Prozent waren dagegen. Die Beteiligung am Bürgerentscheid lag bei 51,9 Prozent. Die Gegner argumentierten mit den hohen Kosten, chaotischen Verkehrsverhältnissen und drohenden Touristenmassen. Stadt und Gemeinderat sahen dagegen einen starken Impuls für die Stadtentwicklung und die Chance, finanzielle Zuschüsse zu bekommen.

Am 17. Juli 2016 stimmten die Bürger von Singen (Hegau) mit deutlicher Mehrheit für den Bau eines großen Einkaufszentrums. 21,6 Prozent der Wahlberechtigten stimmten für das Einkaufszentrum, 15,2 Prozent dagegen. Die Wahlbeteiligung betrug 36,8 Prozent. Das Ergebnis wurde von Bürgermeister und Gemeinderat begrüßt, weil es die Singens Attraktivität als Handelsstandort erhöht.

5 Akteure: Bürgermeister, Gemeinderat und Bürger

Nicht zuletzt kann auch die politische Großwetterlage eine Ursache für Bürgerentscheide sein. Mit dem Zuzug von knapp einer Million Flüchtlingen entwickelte sich 2015 eine ungeahnte Dynamik. Politik und Flüchtlingshilfe waren auf die steigende Zahl der seit 2015 ankommenden Flüchtlinge nicht vorbereitet. Fehlende Instrumentarien und unzureichende Integrationskonzepte, Unsicherheit bei den kommunalpolitisch Verantwortlichen und Ängste in der Bevölkerung führten zu Konflikten in Gemeinden und Städten.

In Korntal-Münchingen, einer nordwestlich von Stuttgart gelegenen Gemeinde mit etwas mehr als 18.000 Einwohnern, war der geplante Bau einer Flüchtlingsunterkunft im Sommer 2016 Anlass für ein Bürgerbegehren. Auf einer auf drei Seiten von einem Friedhof umgebenen Brachfläche sollte eine Flüchtlingsunterkunft gebaut werden. Eine ins Leben gerufene lokale Initiative hielt diesen Platz für ungeeignet und initiierte ein Bürgerbegehren, das von gut 1100 Menschen unterschrieben wurde. Die Gemeindeverwaltung stufte das Begehren als zulässig ein. Der Gemeinderat beschloss, dass am 16. Oktober 2016 ein Bürgerentscheid stattfinden sollte.

Nicht selten bringen Bürgerbegehren Zwietracht mit sich. So auch in diesem Fall: Der Initiator der Initiative wurde angefeindet und der Fremdenfeindlichkeit bezichtigt. Die Initiatoren wiesen diese Vorwürfe strikt von sich und beriefen sich auf das Baurecht, das aufgrund mangelnden Abstands zum Friedhof eine Bebauung nicht zulasse. Der Bürgermeister äußerte die Befürchtung, bei einem erfolgreich verlaufenden Bürgerentscheid eine Turnhalle oder andere öffentliche Gebäude belegen zu müssen. Zudem fürchtete er um den guten Ruf seiner Kommune, die mit Fremdenfeindlichkeit in Verbindung gebracht wurde. Außerdem sei mit finanziellen Folgen zu rechnen. Der Bürgerentscheid belastete den Etat der Gemeinde mit ca. 25.000 Euro (*Stuttgarter Nachrichten*, 9.7.2016).

Die Gegner der Flüchtlingsunterkunft verloren den Bürgerentscheid. Am Ende stimmten fast zwei Drittel (63 %) für den vom Gemeinderat beschlossenen Bau einer Unterkunft mit 15 Wohnungen für bis zu 45 Flüchtlinge. Gut ein Drittel (37 %) stimmte gegen die geplanten Wohnungen. Auch das Quorum (d. h. eine Mindestzahl von Stimmen) wurde mit diesem Votum erfüllt – mehr als 20 Prozent der insgesamt 14.600 Stimmberechtigten machten von ihrem Recht Gebrauch. Nach Angaben der Verwaltung beteiligten sich an der Abstimmung knapp 43 Prozent der Stimmberechtigten.

Bürgerentscheide, bei denen es um weitaus weniger brisante Fragen geht, können aber auch schon am Quorum scheitern. Im Herbst 2014 beschloss der Gemeinderat von Rielasingen-Worblingen, eine im Hegau gelegene Gemeinde mit ca. 12.000 Einwohnern, an der geplanten Gemeinschaftsschule festzuhalten. Ein dagegen angestrengter Bürgerentscheid scheiterte bereits Quorum.

Die Einzelschritte: Bürgerbegehren und Bürgerentscheid
Bürgerbegehren:

Unterschriftenblatt: Die gewünschte Abstimmungsfrage muss auf einem Unterschriftenblatt eindeutig mit »Ja« oder »Nein« zu beantworten sein und in den Zuständigkeitsbereich der Gemeinde fallen. Auf dem Unterschriftenblatt muss eine kurze Begründung und ggf. ein Kostendeckungsvorschlag enthalten sein. Die Frage der Kostendeckung fällt stets dann an, wenn die Umsetzung des Bürgerbegehrens Kosten nach sich zieht.

Unterschriftenquorum: Mindestens sieben Prozent (früher zehn Prozent) der Wahlberechtigten ab 16 Jahren müssen das Begehren durch ihre Unterschrift unterstützen. Maximal müssen 20.000 Unterschriften gesammelt werden.

Sammelfrist: Bei einem Begehren gegen einen Gemeinderatsbeschluss (Korrekturbegehren) beträgt die Sammelfrist drei Monate ab Veröffentlichung des Beschlusses im Amtsblatt oder in der Lokalpresse bzw. im Internet. Initiativbegehren, die ein neues kommunalpolitisches Thema zur Abstimmung stellen, haben keine Sammelfrist. Sie können jederzeit eingereicht werden.

Zulässigkeitsprüfung: Die Kommunalverwaltung prüft zunächst anhand des Melderegisters, ob genügend gültige Unterschriften vorgelegt wurden. Der Gemeinderat prüft sodann spätestens zwei Monate nach Einreichen des Bürgerbegehrens über dessen Zulässigkeit. Wenn alle formalen Bestimmungen erfüllt sind, muss das Bürgerbegehren zugelassen werden. Ist die Zuverlässigkeit festgestellt, darf der Gemeinderat keine Entscheidungen mehr treffen, die dem Begehren entgegenstehen.

Informationsbroschüre: Vor dem eigentlichen Bürgerentscheid muss eine Informationsbroschüre an alle Haushalte gehen. In dieser Broschüre bekommen Bürgermeister, Gemeinderat und die Bürgerinitiative die Möglichkeit, ihre Argumente und Gegenargumente darzustellen.

Bürgerentscheid:

Abstimmungszeitpunkt: Spätestens vier Monate nach der Feststellung der Zulässigkeit muss die Abstimmung stattfinden.

Zustimmungsquorum: Damit der Bürgerentscheid rechtsgültig ist, reicht es nicht nur aus, eine Mehrheit an der Urne zu bekommen. Die Mehrheit muss zusätzlich mindestens 20 Prozent der Stimmberechtigten entsprechen. Stimmt keine Mehrheit von 20 Prozent (früher 25 Prozent) aller Stimmberechtigten eindeutig mit »Ja« oder »Nein« fällt die Entscheidung über die Angelegenheit zurück an den Gemeinderat.

Gültigkeitsdauer: Wird das notwendige Quorum von 20 Prozent erreicht, ersetzt bzw. korrigiert der Bürgerentscheid den Gemeinderatsbeschluss. Der Entscheid ist für drei Jahre gültig und kann nur durch einen neuen Bürgerentscheid geändert werden.

Bürgerentscheide stehen aber immer wieder in der Kritik. Seit Jahren versucht die Wirtschaft in der Region Stuttgart Flächen für die Ansiedlung von Hochtechnologiefirmen zu finden. Konkrete Anläufe scheiterten in der Vergangenheit an Bürgerentscheiden. In drei Kommunen wurde die Standortfrage abschlägig beschieden. Damit wurden Vorhaben gestoppt, deren Verwirklichung aus Sicht der Politik von Bedeutung für die zukünftige wirtschaftliche Entwicklung der Region ist. Ende September 2021 stimmten 57,4 Prozent der Tübinger gegen den Bau einer Innenstadtbahn. Der Bürgermeister einer benachbarten Stadt warf den Bürgern daraufhin ein »kleinkariertes und selbstsüchtiges Kleinstadtdenken« vor (*Stuttgarter Nachrichten*, 4.10.2021). Alle angeführten Beispiele unterscheiden sich zwar, zeigen aber eine Gemeinsamkeit: Es stimmten Menschen über Vorhaben ab, die davon unmittelbar betroffen sind und negative Auswirkungen befürchten.

Bürgerbegehren und Bürgerentscheide sind ein Zeichen dafür, dass es in einer Kommune »kriselt«. Sie sind zumeist der Endpunkt und das letzte Mittel. Wenn ein Gemeinderatsbeschluss gekippt wird oder eine Entscheidung im Interesse der Bürgerschaft herbeigeführt werden soll, lässt dies den Schluss zu, dass die Beteiligung der Bürger im Vorfeld und während des kommunalen Entscheidungsprozesses nicht gelungen ist. Im Umkehrschluss gilt: Beziehen Bürgermeister, Gemeinderat und Verwaltung die Bürger frühzeitig auf gleicher Augenhöhe in Entscheidungen mit ein, ist ein Bürgerentscheid wenig wahrscheinlich. Schon die Möglichkeit eines Bürgerentscheids zwingt Bürgermeister und Gemeinderat zu »klugen« Entscheidungen, die im Sinne der Bürger getroffen werden.

6

Fazit

Als Fazit kann man festhalten, dass die Bürger in Baden-Württembergs Städten und Gemeinden politisch ein relativ großes Gewicht haben: Sie können unmittelbar entscheiden, wer das Amt des Bürgermeisters ausübt. Mit den Möglichkeiten des Panaschierens und Kumulierens entscheiden sie bei Kommunalwahlen über die Zusammensetzung des Gemeinderats. Bürgerbegehren und Bürgerentscheid geben ihnen schließlich die Möglichkeit an die Hand, Gemeinderatsbeschlüsse rückgängig zu machen. Die Bürger haben in Städten und Gemeinden eine Fülle von Mitwirkungsmöglichkeiten.

Das Kapitel über die kommunalen Akteure soll deshalb auch Mut machen und zum Engagement ermuntern. Denn Kommunalpolitik findet buchstäblich vor der eigenen Haustür statt – schon der Gehweg vor dem Haus ist eine kommunale Angelegenheit. Kommunalpolitik betrifft die Bürger in ihrem eigenen Umfeld unmittelbar. Die kommunale Ebene ist ein geeignetes Feld, um sich politisch zu betätigen und sozial zu engagieren. Die Verhältnisse sind überschaubar, und die politischen Entscheidungsprozesse sind unmittelbar beeinflussbar. Im Gegensatz zur »großen Politik« ist es für engagierte Bürger leichter, sich auf der kommunalen Ebene einzubringen und die Erfolge ihres Engagements zu sehen. Vielleicht bieten Städte und Gemeinden gerade deswegen eine Antwort auf die Globalisierung. Politische Machtzentren, die Wall Street und das Silicon Valley oder die Algorithmen der digitalen Welt sind weit entfernt, komplex und oftmals diffus. Kommunen hingegen sind eine konkrete »analoge« Welt, in der die Kultur des direkten und öffentlichen Gesprächs gepflegt werden kann. Orte, an denen sich Bürger begegnen, Probleme erkennen und Lösungsansätze erarbeiten.

Die einzelnen Kapitel des Buches verstehen sich daher auch als Handreichung, um politische Vorgänge in der Kommune besser verfolgen und kritisch beurteilen zu können. Wer sich einmischen und mitmischen will, sollte die »Spielregeln« der Kommunalpolitik beherrschen, über die Aufgaben einer Kommune Bescheid wissen und die Befugnisse, Rechte und Pflichten der kommunalpolitischen Akteure (Bürgermeister, Gemeinderat und Bürger) kennen.

7

Glossar

Ausschüsse:	Damit der Gemeinderat effektiv arbeiten kann und der Sachverstand der Gemeinderäte gebündelt wird, kann der Gemeinderat ständige oder freiwillige Ausschüsse (Fachausschüsse) bilden.
Bauleitplan/ Bauleitplanung:	Das kommunale Selbstverwaltungsrecht garantiert Städten und Gemeinden die Aufstellung von Bauleitplänen. Bauleitpläne haben die städtebauliche Entwicklung einer Kommune im Blick.
Bebauungsplan:	Mit Bebauungsplänen regeln Kommunen die bauliche Nutzung der Grundstücke im Gemeindegebiet. Aufgrund ihrer Planungsho-

7 Glossar

	heit können Kommunen aus dem Flächennutzungsplan Bebauungspläne entwickeln.
Baurechtsbehörde:	Baurechtsbehörden sind für die Erteilung von Baugenehmigungen und andere baurechtliche Maßnahmen zuständig.
Beigeordnete:	In Gemeinden mit mehr als 10.000 Einwohnern und in Stadtkreisen müssen als Stellvertreter des Bürgermeisters hauptamtliche Beigeordnete bestellt werden. Sie vertreten den Bürgermeister in ihrem Geschäftskreis und leiten gemeinsam mit ihm die Kommunalverwaltung.
Bezirksbeirat/ Gemeindebezirk:	Gemeinden mit mehr als 10.000 Einwohnern können in räumlich voneinander getrennten Ortsteilen Gemeindebezirke (Stadtbezirke) einrichten. Die Mitglieder der Bezirksbeiräte, die in den Bezirken wohnhaft sind, werden vom Gemeinderat bestellt. Bezirksbeiräte sind bei Angelegenheiten, die den Bezirk betreffen, zu hören.
Bezirksvorsteher:	Bezirksvorsteher sind Vorsitzende der Bezirksbeiräte. Sie berufen die Sitzungen der Bezirksbeiräte ein und leiten diese.
Bürger:	Bürger ist ein Einwohner der Gemeinde, der die Wahlberechtigung, d. h. das aktive Wahlrecht, in der Kommune besitzt. Bei den Kommunalwahlen sind deutsche Staatsbürger und Unionsbürger ab 16 Jahren wahlberechtigt, wenn sie seit mindestens drei Monaten in der Gemeinde gemeldet sind.
Bürgerbegehren und Bürgerentscheid:	Die Bürger können einen Bürgerentscheid beantragen. Dafür benötigen sie die Unterschriften von sieben (früher zehn) Prozent aller Wahlberechtigten. In größeren Städten ist die Zahl auf 20.000 Unterschriften

gedeckelt. Dieser Vorgang heißt Bürgerbegehren. Gemeinderat und Verwaltung müssen das Bürgerbegehren prüfen und zulassen. Ein Bürgerentscheid ist dann erfolgreich, wenn sich die Mehrheit der Abstimmenden und zugleich mindestens 20 (früher 25) Prozent der Wahlberechtigten dafür aussprechen.

Direkte Demokratie/ direktdemokratische Verfahren: Direkte Demokratie bezeichnet eine demokratische Herrschaftsform, bei der die politischen Entscheidungen unmittelbar von den Bürgern (bzw. vom Volk) getroffen und die Ausführung einer Behörde und/oder der Verwaltung überlassen werden. Direktdemokratische Verfahren sind z. B. Volks- oder Bürgerentscheide.

Eigenbetrieb: Gemeinden und Städte können wirtschaftliche Unternehmen, sogenannte Eigenbetriebe, führen. Eigenbetriebe sind rechtlich unselbstständig, organisatorisch und bei der Finanzbewirtschaftung jedoch eigenverantwortlich.

Einwohner: Gemeindeordnungen unterscheiden zwischen Einwohnern und Bürgern. Einwohner ist, wer in der Gemeinde seinen Wohnsitz hat. Einwohner besitzen nicht die gleichen Rechte wie Bürger (sie dürfen z. B. nicht wählen).

Einwohnerantrag: Die einfachste Form der bürgerschaftlichen Mitwirkung ist der Einwohnerantrag (früher: Bürgerantrag). Damit können die Einwohner einer Kommune beantragen, dass der Gemeinderat eine bestimmte Angelegenheit der Gemeinde oder Stadt behandelt. Der Einwohnerantrag muss schriftlich

7 Glossar

Einwohnerversammlung: vorgelegt und von einer bestimmten Anzahl von Bürgern unterschrieben werden. In Einwohnerversammlungen (früher: Bürgerversammlungen) werden die Einwohner einer Kommune über wichtige Angelegenheiten informiert. Solche Versammlungen dienen dem Informationsaustausch zwischen Gemeinde bzw. Stadt und den Bürgern.

Kommunaler Finanzausgleich: Der kommunale Finanzausgleich soll die unterschiedlichen Finanzlagen der Kommunen durch Finanzzuweisungen ausgleichen.

Flächennutzungsplan: Im Flächennutzungsplan wird für das gesamte Gemeindegebiet die Art und Weise der Bodennutzung dargestellt (z. B. die beabsichtigte Bebauung, Flächen für die Verkehrsinfrastruktur, Grünflächen usw.).

Föderalismus/ föderal: Föderalismus ist eine politische Ordnung, bei der die Aufgaben zwischen Gesamtstaat (Bund) und Einzelstaaten, d. h. den Ländern, aufgeteilt werden. Die Bundesrepublik Deutschland ist föderal aufgebaut. Der Bund ist für Angelegenheiten zuständig, die im Interesse aller Bürger einheitlich im Bundesgebiet gestaltet werden müssen. Die übrigen Aufgaben erfüllen die Länder.

Fraktion: Eine Gruppe von Abgeordneten und/oder Gemeinderäten, die derselben Partei angehören und sich zusammenschließen, um ihre politischen Interessen und Ziele gemeinsam verfolgen zu können.

Freiheitlich- demokratische Grundordnung: Die freiheitlich-demokratische Grundordnung beschreibt den Kern der Verfassung und die Grundprinzipien der politischen

7 Glossar

Ordnung der Bundesrepublik Deutschland. Dazu gehören z. B. die Menschenwürde, das Demokratieprinzip und die Rechtsstaatlichkeit.

Gemeindeverband: Gemeindeverband bezeichnet eine Organisations- und Verwaltungsform, die übergemeindliche bzw. überörtliche Aufgaben wahrnimmt. Die wichtigsten Gemeindeverbände sind die Landkreise.

Gemeindeverwaltungsverband: Gemeindeverwaltungsverbände bündeln die Verwaltungskraft, indem sie für mehrere, zumeist kleine Gemeinden Verwaltungsaufgaben übernehmen. Kleinen Gemeinden mangelt es oft an entsprechenden Ressourcen.

Gemeindewahlausschuss: Der Gemeindewahlausschuss ist für die Leitung der Gemeindewahlen und die Feststellung des Wahlergebnisses zuständig. Er besteht aus dem Bürgermeister als Vorsitzendem und mindestens zwei Beisitzern.

Hauptsatzung: Eine Hauptsatzung ergänzt die Gemeindeordnung des jeweiligen Landes und regelt die innere Verfassung und Organisation der Kommune aufgrund der örtlichen Verhältnisse. Die Hauptsatzung wird vom Gemeinderat erlassen und regelt z. B. die Bildung von Ausschüssen oder Beiräten.

Hebesatz: Der Hebesatz ist ein festgelegter Prozentsatz, mit dem der Steuermessbetrag, also der Grundansatz der Steuer, vervielfältigt wird, um die Höhe der Steuer zu berechnen. Hebesätze werden bei der Bemessung der Gewerbesteuer oder Grundsteuer angewendet.

7 Glossar

Kämmerer: Der Leiter der Finanzverwaltung einer Gemeinde oder Stadt wird traditionell Kämmerer genannt.

Kassenkredit: Kassenkredit bezeichnet die Kreditaufnahme im kommunalen Verwaltungshaushalt oder von anderen kommunalen Organisationsformen (Eigenbetriebe, Anstalten oder Körperschaften des öffentlichen Rechts).

Kernhaushalt: Als Kernhaushalt bezeichnet man einen öffentlichen Haushalt auf Bundes-, Landes oder Kommunalebene im engeren Sinne, also ohne Extrahaushalte (z. B. für Zweckverbände) oder sonstige Einrichtungen und Unternehmen (z. B. kommunale Krankenhäuser, Energie- und Wasserversorger oder Verkehrsunternehmen).

Kommunale Selbstverwaltung: Artikel 28, Absatz 2 des Grundgesetzes garantiert Städten und Gemeinden ein Selbstverwaltungsrecht. Die Selbstverwaltung umfasst die Personalhoheit, die Organisationshoheit, die Planungshoheit, die Finanz- und Steuerhoheit und die Rechtsetzungshoheit.

Kommune: Kommune bezeichnet die unterste staatliche Politik- und Verwaltungseinheit, die mit Selbstverwaltungsaufgaben betraut ist. Kommunalpolitik ist ein Sammelbegriff für die Politik, die in Gemeinden, Städten und Landkreisen stattfindet.

Konnexitätsprinzip: Das Konnexitätsprinzip (Konnexität = Zusammenhang) besagt, dass Aufgaben- und Finanzverantwortung zusammengehören. Diejenige Instanz, die für eine Aufgabe verantwortlich ist, hat auch für die Finanzierung zu sorgen. Das Konnexitätsprinzip

7 Glossar

	sichert den Kommunen das Recht zu, die von Bund oder Land übertragenen Aufgaben nur dann erledigen zu müssen, wenn sie dafür einen finanziellen Ausgleich bekommen.
Kreisumlage:	Die Landkreise verfügen über keine eigenen Steuereinnahmen. Damit der Finanzbedarf ausreicht, erhebt der Landkreis von den kreisangehörigen Gemeinden eine Kreisumlage. Dies stellt für die Kommunen eine Belastung dar und mindert deren Investitionsmöglichkeiten.
Kumulieren:	Als Kumulieren bezeichnet man das Recht des Wählers, bei Kommunalwahlen (Gemeinderat, Kreistag) innerhalb einer Liste mehrere Stimmen (bis zu drei) auf einen Kandidaten abgeben zu können.
Landkreis:	Landkreise werden von mehreren kreisangehörigen Gemeinden und Städten gebildet, d. h. sie sind ein Gemeindeverband mit dem Recht der Selbstverwaltung. Landkreise übernehmen ortsübergreifende Aufgaben. Dafür zuständig ist das Landratsamt. Chef dieser Behörde ist der Landrat. Hauptorgan der Landkreise ist der Kreistag.
Magistrat:	In Kommunen mit Magistratsverfassung (Hessen und Schleswig-Holstein) ist der Magistrat eine kollegial geleitete Verwaltungsbehörde. Der Magistrat setzt sich aus dem hauptamtlichen Bürgermeister und Beigeordneten zusammen.
Mandat:	Als Mandat bezeichnet man den Auftrag, den von der Wählerschaft gewählte Vertreter in Organen (Gemeinderat oder Kreistag) wahrnehmen.

7 Glossar

Melderegister: Das Melderegister wird bei den Einwohnermeldeämtern geführt. Jede Kommune führt ein Register mit den Meldedaten jeder dort lebenden Person.

Oberbürgermeister: In Stadtkreisen oder Kreisstädten mit mehr als 20.000 Einwohnern führt der Bürgermeister die Amtsbezeichnung Oberbürgermeister.

Ortschaftsrat/ Ortsvorsteher: Die Ortschaftsverfassung ist für ehemals selbstständige Gemeindeteile gedacht. Diese Gemeindeteile werden durch einen Ortschaftsrat vertreten, der eigene Entscheidungskompetenzen hat und vom Gesamtgemeinderat einer Gemeinde gehört werden muss. An der Spitze der kleinen Verwaltung steht ein ehrenamtlicher Ortsvorsteher.

Panaschieren: Als Panaschieren bezeichnet man das Recht des Wählers, die ihm zustehenden Stimmen auf Kandidaten unterschiedlicher Listen zu verteilen.

Quorum: Ein Quorum ist eine Mindestzahl von Stimmen, die erreicht sein muss, damit Wahlen oder Abstimmungen gültig sind.

Raumordnungsplan: Raumordnungspläne sind zentrale Planungsinstrumente der Landesplanung. Diese Pläne umfassen die Pläne für das gesamte Landesgebiet und Pläne für Teilräume (regionale Raumordnungspläne).

Rechtsaufsicht/ Rechtsaufsichtsbehörde: Die Rechtsaufsicht kontrolliert die ordentliche und rechtmäßige Aufgabenerfüllung der Kommunen. Rechtsaufsichtsbehörde für kreisangehörige Gemeinden mit bis zu 20.000 Einwohnern ist das Landratsamt. Für Stadtkreise und Große Kreisstädte (mit mehr als 20.000 Einwohnern) übt das

7 Glossar

Regierungspräsidium: Regierungspräsidium die Rechtsaufsicht aus. Oberste Rechtsaufsichtsbehörde ist das Innenministerium. Baden-Württemberg gliedert sich in die vier Regierungsbezirke Stuttgart, Karlsruhe, Freiburg und Tübingen, die nach dem Sitz des jeweiligen Regierungspräsidiums benannt sind. Regierungspräsidien sind Mittelbehörden zwischen der Landesregierung und der unteren Verwaltungsebene (Landkreise und Gemeinden). Regierungspräsidien sind für die Umsetzung der gesetzlichen Aufgaben innerhalb eines Regierungsbezirks zuständig.

Regionalverband/ Regionalversammlung: In Baden-Württemberg gibt es zwölf Regionalverbände, die aus mehreren Landkreisen bestehen. Ziel dieser Regionalverbände ist eine verbesserte Planung z. B. in Wirtschaft- und Verkehrsfragen, im Umweltschutz und der Siedlungsentwicklung. Hauptorgan der Regionalverbände ist die Regionalversammlung.

Sainte-Laguë/ Schepers: Die Sainte-Laguë/Schepers-Methode ist ein mathematisches Verfahren, um Wählerstimmen in Abgeordnetenmandate umzurechnen. Benannt wurde die Methode nach dem französischen Mathematiker André Sainte-Laguë und nach Hans Schepers, der als Mitarbeiter der Bundestagsverwaltung das Verfahren für die Verteilung der Ausschusssitze im Deutschen Bundestag in den 1980er Jahren vorschlug.

Schultheiß/ Schultes: In Süddeutschland nannte man den Ortsvorsteher seit dem 15. Jahrhundert Schultheiß. Der Schultheiß, in württembergischen Gemeinden auch »Schultes« genannt, war

7 Glossar

	Gemeindeoberhaupt, Vorsitzender des Gemeinderats und Kirchenkonvents.
Souverän:	Unter einem Souverän (lateinisch: »über allem stehend«) versteht man den Inhaber der Staatsgewalt.
Stadtkreis:	Neun Städte in Baden-Württemberg (Baden-Baden, Freiburg, Heidelberg, Heilbronn, Karlsruhe, Mannheim, Pforzheim, Stuttgart und Ulm) sind Stadtkreise. Die Bezeichnung steht für eine Gemeinde mit besonderer Stellung innerhalb der Gliederung des Landesgebiets. Die Bezeichnung Stadtkreis wird nur noch in Baden-Württemberg verwendet.
Städtetag Baden-Württemberg:	Der 1954 gegründete Städtetag vertritt 189 Städte und Gemeinden des Landes Baden-Württemberg und die Interessen weiterer Mitglieder gegenüber dem Land Baden-Württemberg, der Bundesrepublik Deutschland und der Europäischen Union (EU).
Unionsbürger/ Unionsbürgerschaft:	Die Bürger der Europäischen Union (EU) sind »EU-Bürger«. Die Unionsbürgerschaft wurde 1991 durch die Maastrichter Verträge eingeführt. Jeder Staatsbürger eines EU-Landes ist zugleich Unionsbürger.
Wählervereinigung:	Wählervereinigungen sind Zusammenschlüsse engagierter Bürger, die bei Wahlen antreten, ohne den Status einer Partei zu haben. Die häufig bei Kommunalwahlen antretenden Wählervereinigungen verstehen sich als Sammelbecken parteiloser, aber politisch interessierter und engagierter Menschen.

Wählerverzeichnis:	Wählen kann nur, wer in ein Wählerverzeichnis eingetragen ist oder einen Wahlschein besitzt.
Wehrhafte Demokratie:	Vom Bundesverfassungsgericht geprägter Begriff für die Entschlossenheit, sich gegenüber Feinden der freiheitlichen demokratischen Grundordnung nicht neutral zu verhalten, sondern sich zur Wehr zu setzen.
Zivilgesellschaft:	Der Begriff Zivilgesellschaft meint das Engagement und gemeinsame Handeln von Bürgern im öffentlichen, gesellschaftlich-privaten Raum neben denen des Marktes und des Staates.
Zweckverband:	Für Aufgaben, die eine einzelne Gemeinde nicht allein bewältigen kann, können mehrere Gemeinden einen Zweckverband gründen. Diese Zweckverbände übernehmen bestimmte Aufgaben (z. B. Wasser- und Abwasserverband, Verkehrsverband, Müllbeseitigung usw.).

Literaturverzeichnis

Abberger, Klaus (2013): Bürgermeister – Was tun gegen die Bewerberflaute? Wahlkampftipps – Interviews – Kurioses aus 100 Kampagnen, Stuttgart.

Ackermann, Paul/Müller, Ragnar (2015): Bürgerhandbuch. Politisch aktiv werden, Öffentlichkeit herstellen, Rechte durchsetzen, 4., komplett überarbeitete und erweiterte Auflage, Schwalbach/Ts.

Ade, Klaus (2014): Taschenbuch für Gemeinde- und Stadträte in Baden-Württemberg. Grundwissen für kommunale Mandatsträger, 15., aktualisierte Auflage, Stuttgart.

Barth, Angelika (2016): Warum ein Jugendgemeinderat (nicht) der richtige Weg zur Partizipation ist, in: Der Bürger im Staat, 2/2016, S. 319–322.

Bertelsmann Stiftung (Hrsg.) (2015): Kommunaler Finanzreport 2015, Gütersloh.

Bertelsmann Stiftung/Deutscher Städtetag/Deutscher Städte- und Gemeindebund 2008: Beruf Bürgermeister/in. Eine Bestandsaufnahme für Deutschland. (Februar 2008), URL: https://www.bertelsmann-stiftung.de/fileadmin/files/BSt/Presse/imported/downloads/xcms_bst_dms_23926_23927_2.pdf [21.4.2017].

Brachat-Schwarz, Werner (2016): Baden-Württemberg – das Land der kleinen und mittleren Gemeinden. Zur Größenstruktur der Kommunen in den Landkreisen des Südwestens, in: Statistisches Monatsheft Baden-Württemberg, 4/2016, S. 3–9.

Brobeil, Frank (2021): Gewerbesteuereinnahmen und Schuldenstand der Kommunen bis bzw. zum 30. September 2020, in: Statistisches Monatsheft Baden-Württemberg, 1/2021, S. 48–52.

Bundesministerium für Finanzen (2016): Finanzbericht 2016. Stand und voraussichtliche Entwicklung der Finanzwirtschaft im gesamtwirtschaftlichen Zusammenhang, Bonn.

Deutscher Landkreistag (2013): Wirtschaftsförderung konkret. Umfrage des Deutschen Landkreistags, Berlin.

Deutscher Städte- und Gemeindetag (2008): Aufgaben, Organisation und Schwerpunkte der kommunalen Wirtschaftsförderung – Umfrage zur Wirtschaftsförderung in kreisangehörigen Städten und Gemeinden unter 50.000 Einwohnern, Bonn.

Egner, Björn (2019): Wohnungspolitik seit 1945, in: Bürger & Staat, 2-3/2019, S. 94–100.

Literaturverzeichnis

Eisenreich, Dirk/Glück, Elisabeth (2020): Endgültige Ergebnisse der Kommunalwahlen 2019 in Baden-Württemberg, in: Statistisches Monatsheft Baden-Württemberg, 3/2020, S. 46–53.

Fleckenstein, Jürgen (2019): Das Kommunalwahlsystem, in: Frech, Siegfried/Weber, Reinhold/Wehling, Hans-Georg/Witt, Paul (Hrsg.): Handbuch Kommunalpolitik, Stuttgart, S. 164–182.

Frech, Siegfried/Reschl, Richard (Hrsg.) (2010): Urbanität neu planen. Stadtplanung, Stadtumbau, Stadtentwicklung, Schwalbach/Ts.

Frech, Siegfried/Weber, Reinhold/Wehling, Hans-Georg/Witt, Paul (Hrsg.) (2019): Handbuch Kommunalpolitik, Stuttgart.

Gehne, David H. (2012): Bürgermeister. Führungskraft zwischen Bürgerschaft, Rat und Verwaltung, Stuttgart.

Hunzel, Vinzenz (2019): Bürgermeisterinnen und Bürgermeister in Baden-Württemberg. Ein Amt im Umbruch, Baden-Baden.

Kern, Timm (2008): Warum werden Bürgermeister abgewählt? Eine Studie aus Baden-Württemberg über den Zeitraum von 1973 bis 2003, 2. Auflage, Stuttgart.

Klein, Alexandra (2014): Bürgermeisterwahlen in Baden-Württemberg. Wahlbeteiligung, Wahltypen und Sozialprofil, Stuttgart.

Kost, Andreas/Wehling, Hans-Georg (Hrsg.) (2010): Kommunalpolitik in den deutschen Ländern. Eine Einführung, 2., aktualisierte und überarbeitete Auflage, Wiesbaden.

Lukoschat, Helga/Belschner, Jutta (2014): Frauen führen Kommunen. Eine Untersuchung zu Bürgermeisterinnen und Bürgermeistern in Ost und West, Berlin.

Naßmacher, Hiltrud/Naßmacher, Karl-Heinz (2007): Kommunalpolitik in Deutschland, 2., völlig überarbeitete und aktualisierte Auflage, Wiesbaden.

Pestel-Institut (Hrsg.): Bedarf an Sozialwohnungen in Deutschland. Studie im Auftrag der Wohnungsbau Initiative, Hannover.

Pfizer, Theodor/Wehling, Hans-Georg (Hrsg.) (2000): Kommunalpolitik in Baden-Württemberg, 3., völlig überarbeitete und erweiterte Auflage, Stuttgart.

Remmert, Barbara/Wehling, Hans-Georg (Hrsg.) (2012): Die Zukunft der kommunalen Selbstverwaltung, Stuttgart.

Rosenzweig, Beate (2020): Beschimpft, beleidigt, angegriffen. Gewalt gegen Politiker*innen als Bedrohung der Demokratie, in: Außerschulische Bildung, 4/2020, S. 36–39.

Scherr, Albert/Sachs, Lena (2016): Beteiligung und Teilhabe von Kindern und Jugendlichen in Baden-Württemberg, in: Der Bürger im Staat, 2/2016, S. 323–300.

Schlote, Sara (2013): Ursachen für die Unterrepräsentanz von Frauen in der Kommunalpolitik. Befunde und Handlungsempfehlungen, Berlin.

Schwarz, Thomas (2017 a): Bürgermeisterwahlen in Baden-Württemberg. Eine Analyse auf der Basis der Wahlen von 2010 bis 2015. Teil I: Bürgermeisterwahlen und die Bewerber, in: Statistisches Monatsheft Baden-Württemberg, 1/2017, S. 29–40.

Schwarz, Thomas (2017 b): Bürgermeisterwahlen in Baden-Württemberg. Eine Analyse auf der Basis der Wahlen von 2010 bis 2015. Teil II: Ergebnisse der Bürgermeisterwahlen und Wahlbeteiligung, in: Statistisches Monatsheft Baden-Württemberg, 2/2017, S. 25–35.

Schwarz, Thomas (2019): Die Wahlbeteiligung bei Bürgermeisterwahlen in Baden-Württemberg 2010 bis 2017, in: Statistisches Monatsheft Baden-Württemberg, 3/2019, S. 34–44.

Statistisches Bundesamt u. a. (2021): Datenreport 2021. Ein Sozialbericht für die Bundesrepublik Deutschland, Bonn 2021.

Wehling, Hans-Georg (1996): Gemeinden und Kommunalpolitik, in: Bausinger, Hermann/Eschenburg, Theodor (Hrsg.): Baden-Württemberg. Eine politische Landeskunde. 4. Auflage, Stuttgart, S. 150–171.

Wehling, Hans-Georg (2019): Kommunalpolitik in Baden-Württemberg, in: Frech, Siegfried/Weber, Reinhold/Wehling, Hans-Georg/Witt, Paul (Hrsg.): Handbuch Kommunalpolitik, Stuttgart, S. 9–32.

Weisensee, Hanne (2019): Bürgermeisterin werden – Fahrplan ins Amt. Praxistipps und Coachingtools, Stuttgart.

Witt, Paul (Hrsg.) (2016): Karrierechance Bürgermeister. Leitfaden für die erfolgreiche Kandidatur und Amtsführung, 2. Auflage, Stuttgart.

Witt, Paul (2016 a): Wohin entwickelt sich der Beruf der Bürgermeisterin/des Bürgermeisters in der Zukunft? in: Witt, Paul (Hrsg.) (2016): Karrierechance Bürgermeister. Leitfaden für die erfolgreiche Kandidatur und Amtsführung, 2. Auflage, Stuttgart, S. 189–204.

Witt, Paul (2012): Position und Situation der Gemeinderäte in Baden-Württemberg – wer gewählt wird, in: Remmert, Barbara/Wehling, Hans-Georg (Hrsg.) (2012): Die Zukunft der kommunalen Selbstverwaltung, Stuttgart, S. 90–116.

Witt, Paul/Krause, Christina (Hrsg.) (2014): Warum wird der Beruf der Bürgermeisterin/des Bürgermeisters von potenziellen Kandidatinnen und Kandidaten als »familienfeindlich« wahrgenommen mit der Folge, dass scheinbar immer weniger qualifizierte Kandidatinnen und Kandidaten, insbesondere wenige Frauen, sich bewerben? Empirisches Fachprojekt der Studierenden der Hochschule für öffentliche Verwaltung Kehl 2013/2014, Kehl 2014; URL: http://www-hs-kehl.de/fileadmin/hsk/Forschung/Dokumente/PDF/2014-Familienfreundlichkeit-Bürgermeisterberuf.pdf [27.4.2017].

Literaturtipps

Ackermann, Paul/Müller, Ragnar (2015): Bürgerhandbuch. Politisch aktiv werden, Öffentlichkeit herstellen, Rechte durchsetzen, 4., komplett überarbeitete und erweiterte Auflage, Schwalbach/Ts.
Frech, Siegfried/Weber, Reinhold/Wehling, Hans-Georg/Witt, Paul (Hrsg.) (2019): Handbuch Kommunalpolitik, Stuttgart.
Klein, Alexandra (2014): Bürgermeisterwahlen in Baden-Württemberg. Wahlbeteiligung, Wahltypen und Sozialprofil, Stuttgart.
Remmert, Barbara/Wehling, Hans-Georg (Hrsg.) (2012): Die Zukunft der kommunalen Selbstverwaltung, Stuttgart.
Weisensee, Hanne (2019): Bürgermeisterin werden – Fahrplan ins Amt. Praxistipps und Coachingtools, Stuttgart.

Abbildungsverzeichnis

Abb. 1:   Eigene Grafik
Abb. 2:   Eigenes Foto
Abb. 3:   Eigene Grafik
Abb. 4:   Foto von Udo Wenzl
Abb. 5:   Foto von Hans Hase, CC BY SA 4.0
Abb. 6:   Foto von Johann Jaritz, CC BY SA 4.0
Abb. 7:   Foto von Christoph Scholz, CC BY SA 2.0
Abb. 8:   picture alliance/dpa / Sebastian Gollnow
Abb. 9:   Eigene Grafik
Abb. 10: Eigene Grafik
Abb. 11: Foto von Artadict, CC BY SA 3.0
Abb. 12: Foto von Mike Steele, CC BY 2.0
Abb. 13: Eigenes Foto
Abb. 14: Eigene Grafik

2020. 91 Seiten, 9 Abb. Kart.
€ 10,–
ISBN 978-3-17-038128-5

Planerische Entscheidungen auf kommunaler Ebene werden immer vielschichtiger. Ein Grund hierfür liegt darin, dass das Regelwerk komplexer geworden ist: umfangreiche rechtliche Rahmenbedingungen des Landes-, Bundes- und des EU-Rechts müssen berücksichtigt und eingehalten werden. Damit steigt nicht nur der Arbeitsaufwand von Planungsverfahren für die Verwaltung, sondern auch von außen sind die Abläufe der Verfahren nur noch schwer nachzuvollziehen.

Dieser Band zeigt auf, wie es gelingen kann, die rechtlichen Vorgaben und Abläufe bei Genehmigungen sowie Planungen auf kommunaler Ebene effizient einzuhalten und zugleich die Bürgerschaft an diesen Prozessen zu beteiligen.

Leseprobe und weitere Informationen unter **shop.kohlhammer.de**